U0906271

万里茶路

主编 刘建生
副主编 刘成虎
张喜琴 编著

山西出版传媒集团
山西教育出版社

图书在版编目（CIP）数据

万里茶路 / 刘建生主编. — 太原 ：山西教育出版社，2021. 5
（晋商五百年）
ISBN 978 - 7 - 5703 - 1497 - 3

Ⅰ. ①万… Ⅱ. ①刘… Ⅲ. ①茶叶—商业史—山西
Ⅳ. ①F724. 782

中国版本图书馆 CIP 数据核字（2021）第 068215 号

晋商五百年 · 万里茶路
JINSHANG WUBAI NIAN · WANLI CHALU

出 版 人　李　飞
责任编辑　彭琼梅
复　　审　裴　斐
终　　审　杨　文
装帧设计　薛　菲　刘志斌
内文排版　李　珍
印装监制　赵　群
图片统筹　刘志斌
摄　　影　薛　菲　王永伟　刘志斌　梁　铭
　　　　　荣　浪　彭琼梅等

特别鸣谢　北京晋商博物馆
支持单位　北京晋商博物馆　山西省博物院
　　　　　太原晋商博物馆　山西财经大学晋商博物馆

出版发行　山西出版传媒集团 · 山西教育出版社
　　　　　（地址：太原市水西门街馒头巷 7 号　电话：0351 - 4729801　邮编：030002）
印　　刷　山西基因包装印刷科技股份有限公司
印　　次　2021 年 5 月第 1 版　2021 年 5 月第 1 次印刷
开　　本　787 × 1092　1/16
印　　张　12. 75
字　　数　182 千字
书　　号　ISBN　978 - 7 - 5703 - 1497 - 3
定　　价　29. 80 元

康熙皇帝说：“今朕行历吴越州郡，察其市肆贸迁多系晋省之人，而土著者盖寡。”

——《清实录》康熙二十八年二月乙卯条

山西巡抚刘于义上奏说：“山右积习，重利之念，甚于重名。子弟之俊秀者，多入贸易一途，其次宁为胥吏。至中材以下，方使之读书应试。”雍正帝在其奏疏上“朱批”：“山右大约商贾居首，其次者犹肯力农，再次者谋入营伍，最下者方令读书。朕所悉知。”

——《雍正朱批谕旨》，第四十七册，雍正二年五月十二日朱批

在海外十余年，对于外人批评吾国商业能力，常无辞以对，独至有历史、有基础、能继续发达之山西商业，鄙人常以自夸于世界人之前。

——梁启超《在山西票商欢迎会演说词》，1912年

平阳、泽、潞豪商大贾甲天下，非数十万不称富。

——王士性《广志绎》

富室之称雄者，江南则推新安，江北则推山右。

——谢肇淛《五杂俎》

山右巨商，所立票号，法至精密，人尤敦朴，信用最著。

——《清朝文献通考》，卷十八

1888年，英国汇丰银行一位经理甫将离开中国时，对山西票号、钱庄经营人有过这样一段评论：“我不知道我能相信世界上任何地方的人像我相信中国商人或钱庄经营人那样快……这25年来，汇丰银行与上海的中国人作了大宗交易，数目达几亿两之巨，但我们从没有遇到一个骗人的中国人。”

——渠绍淼《晋商兴盛溯源》

······

中国商贾夙称山陕，山陕人智术不能望江浙，其推算不能及江西湖广，而世守商贾之业，唯其心朴而实也。

——清代外交家、首任驻英公使郭嵩焘

······

霭龄坐在一顶十六个农民抬着的轿子里，孔祥熙则骑着马，但是，使这位新娘更为吃惊的是，在这次艰苦的旅行结束时，她发现了一种前所未闻的最奢侈的生活。因为一些重要的银行家住在太谷，所以这里常常被称为“中国的华尔街”。

——罗比·尤恩森《宋氏三姐妹》

······

在上一世纪（**19世纪——编者注**）乃至以前相当长的一个时期内，中国最富有的省份不是我们现在可以想象的那些地区，而竟然是山西！直到本世纪（**20世纪——编者注**）初，山西，仍是中国堂而皇之的金融贸易中心。北京、上海、广州、武汉等城市里那些比较像样的金融机构，最高总部大抵都在山西平遥县和太谷县几条寻常的街道间，这些大城市只不过是腰缠万贯的山西商人小试身手的码头而已。

——余秋雨《抱愧山西》

未曾消逝的风华

（代序）

三晋大地是孕育中华民族的热土。距今180余万年前，山西匼河西侯度出现了迄今为止在中国发现的最早的人类。许家窑、丁村、峙峪、北撤……山西几乎保留了旧、新石器时代不同阶段的所有遗存。从那时起，山西曾一度是中华文明的代表。

隋代，雄踞太原的李渊成为天朝大国新的主宰，太原也因此成为大唐帝国的北都。唐代的三晋是一个文化昌达、名人辈出的地方，王维、柳宗元、狄仁杰、河东裴氏……一个个镌刻在青史上的名字，推动着唐代文化登峰造极。当鼎盛的铅华在四起的狼烟中悄然褪尽，宋太宗的铁骑踏过黄河，刘汉王朝灰飞烟灭之后，连年的战火、无休止的争斗，李唐盛极一时的河东文化似乎真的随着太原城那场人为的大火飘零没落了。

有人说，唐代以后的山西乏善可陈，科考不利、文化名人匮乏，山西的文化凋落了，但很少有人注意到，在时代变革、文化演进的浪潮中，山西扬弃旧腐、推陈出新的地域文化特征和独特的文化变迁方式。17世纪以降，在风云诡谲的世界形势中，经济实力成为决定国家兴衰至为重要的因素。当西方凭借坚船利炮不断开拓世界市场、中国依然沉浸在义利之辩中无法自拔时，被梁启超先生“常以自夸于世界人之前”的那些“胡服辮发”的山西商人又一次成为引领时代潮流的群体……时任德国柏林大学校长的李希霍芬男爵曾评价说，山西人“具有卓越的商才和大企业精神，有无比优越的计算智能，有发达的数字意识和金融才华”，因此“中国人好比犹太人，而山西人更像犹太人”。

晋商从默默无闻的引车卖浆者逐渐发展成为“非数十万不称富”的豪商巨贾，纵横捭阖五百余载，足迹遍及大江南北。他们凭着敢为天下先的精神，利用国家政策，抓住历史机遇。他们栉风沐雨，远渡重洋，北至西伯利亚、伊尔库茨克，南抵香港、加尔各答，东到神户、大阪、横滨、仁川，西涉喀什噶尔、塔尔巴哈台，业务涉及盐、茶、粮食、布匹、典当、票号等诸多行业，以独具特色的经商理念与经营艺术，创造了一个个令世人瞩目的商业奇迹。我们山西大学晋商学研究所同仁曾循着晋商的足迹赴东瀛，到欧美，北上恰克图、海参崴收集相关史料。大家无不为昔日晋商“劈开万顷波涛，踏破千里荒漠”的那种艰苦创业、百折不挠的精神所折服。尽管晋商在清末战乱中逐步走向衰败，商业和金融业态的转变使之无法承担起信用制度变迁所带来的庞大交易费用，但他们并没有化作历史的尘埃随风飘逝，其遗留下来的丰富的物质和精神遗产，至今依然影响着我们。

站在平遥、太谷、祁县等古老县城的街道，放眼望去，掩映在夕阳余晖中的是一座座明清晋商的豪宅大院、孕育着郁郁生机的老街，还有那商号店铺的门帘随着进进出出的人们不停地摆动，像少女头饰上随风摇曳的流苏。熙攘而恬静，喧嚣而自然，建筑和人交相融合，很容易让人产生时间上的错觉。思绪的穿越，把我们带回到清代，街面上此起彼伏的吆喝声、票号柜台上眼镜戴在鼻尖上的掌柜、镶满铁钉的大门、被缰绳磨得发亮的花岗石拴马桩……使我们抑制不住钩沉旧事的冲动。

每处遗存都有着自己的故事，每件古物都有着鲜为人知的传说。发现故事讲给世人听，是三晋学人义不容辞的责任。因此，我们会集山西大学晋商学研究所以及经济、历史、教育、体育等学科从事晋商研究的多位学者，捃摭多年研究成果，从晋商盐帮、茶商、典当、票号、镖局、会馆、家族、大院、教育，以及走西口、粮油故道、保晋公司等入手，通过点滴历史事件，深入浅出，图文并茂，向读者展示明清晋商的不同侧面，以期雅俗共赏，弘扬中国传统商业文化。

于山西大学晋商学研究所

目录 MULU

前 言

茶叶之路与丝绸之路被誉为中国历史上两条最负盛名的国际贸易黄金通道。茶叶之路，全长达5150千米，其中中国境内从福建武夷山区至中俄边境的买卖城恰克图约4500千米。随着茶叶生意向境外扩张，茶路不断延长。

早在明代初期，茶叶已成为晋商经营的重要商品。他们每年都要“挟资裹粮”，以舟船、牛车、马帮、驼队长途贩运，远行几千里赴南方茶区采办茶叶，然后经湖南、湖北，转运到山西和西北各地。茶中有官茶、私茶，茶商须凭官府所发引标而进行长途贩运。

清代，晋商的茶叶贸易有了更大的发展。他们最初采办茶叶的地点是安徽、湖南等地，但最主要的是在已成为全国著名茶区的福建武夷山下梅茶叶市场。其时晋商戮力经营茶叶贸易，逐渐开辟了一条茶叶商路：由福建崇安县过分水关，入江西铅山县，在此装船顺信江下鄱阳湖，穿湖而出九江口入长江，溯江抵武昌，转汉水至樊城（襄樊）起岸，在河南唐河、社旗上岸由骡马驮运北上，经洛阳，过黄河，入山西泽州（今晋城），经潞安（今长治）抵平遥、祁县、太谷、忻州、大同、天镇到张家口，再改用驼队穿越蒙古草原到库仑，至恰克图。最后运往伊尔库茨克、乌拉尔、秋明，直至遥远的彼得堡和莫斯科。

清中期是以湖南安化为起点，分水旱两路：一路由常德、沙市、襄阳、郑州，入山西泽州，继续北上，经张家口抵达恰克图；一路越洞庭湖、岳阳入长江至汉口，再达恰克图。

清朝后期，由于太平天国运动兴起，武夷山经长江水路北上受阻，晋商采办茶叶的地点改至羊楼洞、羊楼司，其运输路线为：沿陆水河入长江达武汉，转汉水至襄樊起岸，经河南、山西陆路，由张家口抵达恰克图。也有一部分是经山西右玉县抵归化（呼和浩特），转运至恰克图。这些茶叶商路在晋商的苦心经营下，基本上畅通无阻，保证了晋商茶叶贸易的开展。

晋商万里茶路一是表现在历史上的拼搏进取，“下江南”、“走西口”、“闯关东”，开辟了贯穿我国由南向北的茶叶之路，后人戏称“驼路”或“驼道”，是为晋商的骆驼精神。二是经商中诚信礼义的人格与商德，是为晋商的商道。

晋商在清代的商业活动中，很有特色地进行过茶树培植、茶叶加工及运销等工作，对我国茶文化的发展与传播起到了积极的推动作用。他们在湘鄂地方首先培植与加工制造红茶，供应华北、西北人民饮用，并使红茶饮誉俄国，把中国的茶文化传播到了海外。俄人记述道，中国红茶的贸易，使“涅而琴斯克边区的所有居民不论贫富、年长或年幼，都嗜饮砖条。（该）茶是不可缺少的主要饮料，早晨就面包喝茶，当作早餐。不喝茶就不去上工。午饭后必须有茶。每天喝茶可达五次之多，爱好喝茶的人能喝十至十五杯。不论你什么时候去到哪家，必定用茶款待”。而且“所有亚洲西部的游牧民族均大量饮用砖茶，并常把砖茶当作交易的媒介”。晋商与湖广茶农培育和制作了最适合俄国和西亚人喝的红茶并积极组织出口外销，使俄国与西亚、东欧国家人民之嗜茶风气与日俱增，在较大程度上影响和改变了西亚与东欧游牧民族的生活习惯或饮食结构，使东方文化进一步“西渐”。

进入19世纪80年代，由于国外茶叶充斥市场、茶价下跌及海路、铁路运输的开通，晋商驼路运茶的优势荡然无存，加之清廷课以重税，导致茶叶贸易利润甚微。当外部制度变化使晋商在竞争中处于不利地位的同时，其内部制度中的缺陷也日益显现，在二者的共同作用下，晋帮茶商走向了衰亡。

昔日山西茶商生在非产茶区，却凭着坚韧不拔、勇于开拓、诚信礼义的驼队精神，在明清茶叶贸易中垄断了蒙俄市场。今天，在山西茶商开创的万里茶路上，成群结队的驼帮身影不见了，清脆悠扬的驼铃声远去了，远古飘来的茶草香气也消散了。然而，留印在万里茶路上的先人足迹和驼印，以及对晋商千丝万缕的记忆，对今天新晋商的发展和山西经济转型跨越仍有着重要的启示。

第一章

商机无限　茶商崛起

探寻茶叶之旅的第一站，我们来到当年晋商开辟古茶路的起点。山西商人运往恰克图与俄交易之茶，前期大部分来自福建的武夷山，这是晋商开发最早的茶源。其时，运输多由福建省崇安县过分水关进入江西省铅山县（又名河口），在此装船顺信江下鄱阳湖，穿湖而过，出九江口入长江，溯江抵武昌转汉水达樊城（今襄樊）起岸，由驼队接替运送，贯河南入山西泽洲（今晋城）继续北上，经潞安（今长治）抵平遥、祁县、太谷老号休整，然后再北上忻县、大同，经天镇达张家口枢纽，转运恰克图。

中期办茶多在湖南安化。其运输路线分水旱两路：一路由常德、沙市、襄阳、郑州入山西泽州继续北上抵达张家口转恰克图。一路穿洞庭湖，经岳阳入长江，下水至武汉，转汉水上抵樊城，起岸北上，沿河南、山西抵张家口转恰克图。

后期办茶在湖北省的崇阳、蒲圻、通城及湖南省的临湘。以湖北的羊楼洞与相邻的湖南羊楼司为集散中心。其运输路线则为沿陆水河入长江达武汉，转汉水至襄樊起岸，沿上述河南、山西陆运路线达张家口枢纽。后期也有一部分是经山西北部的右玉县过杀虎口关抵归化，再由归化转运恰克图的。

三百多年来，即使面临“国势弱，商势衰”的社会局面，面对华商与外商的激烈竞争，山西商人还是不远万里、源源不断地把最名贵的茶叶从最好的产茶区贩运来……

第一节　名山秀水产名茶

名山秀水，高山云雾，素有“风景奇秀甲东南”的武夷山正是我国著名的茶乡。这里是鸟的天堂，蛇的王国，昆虫的世界，茶叶品种的大观园。一双双轻巧、灵活的手将这些绿色的嫩芽从枝头采摘下来，这些嫩芽经过加工之后将变成世界上最受欢迎的饮品——茶叶，这种源于中国的植物传入西方之后，竟改变了许多西方人的生活方式。武夷山是中国最有名的茶叶产地之一，每到新茶采摘的时候，大量的客商都会汇集到这里，三百多年前，来到这里的商人中绝大多数都操着山西口音。

关键词：武夷山　岩茶　便利

一、武夷山景美茶更香

武夷山茶在我国茶叶发展史上，谱写了十分重要和光辉的一页。武夷茶在南北朝时，就以“晚甘侯”（茶名）著称于世，唐代成为士大夫上层贵族的馈赠佳品，宋元两代入贡朝廷，盛极一时。宋代的理学家朱熹非常嗜茶，曾写过著名的《咏武夷茶》。元大德六年（1302），就于九曲溪畔设置御茶园。明代罢造龙团，改蒸青团茶为炒青散茶，随后又改制三红七绿的乌龙茶，即现在所称之岩茶。因而，武夷岩茶始于明朝，盛于清代，17世纪远销西欧，蜚声四海。

嫩绿的茶叶

武夷山有茶可能在唐朝时期或者更早，但武夷茶是继北苑茶而发展起来的。元朝大德六年，在武夷四曲处设置了“御茶园”，专制龙团

"风景奇秀甲东南"的武夷山

贡茶。直到明初，洪武二十四年（1391），罢造龙团改制散茶。明朝的武夷茶已代替了北苑茶，改变了加工工艺，成为品质优异的散茶，誉满天下。所以，元朝以后的福建贡茶以武夷茶为最多，约占全国贡额的1/4。五口通商后，武夷茶大量出口，促进了武夷茶的快速发展。武夷山位于福建与江西相邻的边界，产茶历史悠久，自蔡襄以后，山中所产的茶叶除寺僧供献游客外，主要作为贡品。元末明初罢贡之后仍为世人所重，争先恐后地购销于国内外市场，成为世界闻名的茶叶。约在十六七世纪，英国、荷兰等欧洲国家的贵族阶层，已把饮用武夷茶作为集会宴客的一种高尚礼节，事后逐渐推广到各阶层的人们中去。茶叶成为欧美各国普遍的饮料之一，从而使我国

朱熹像

延伸阅读

朱熹（1130—1200）：宋代著名理学家，婺源（今江西）人，也是一位嗜茶爱茶之人。淳熙十年（1183），朱熹在武夷山兴建武夷精舍，授徒讲学，聚友著作，斗茶品茗，以茶促人，以茶论道，他写的《咏武夷茶》、《茶坂》等诗，使武夷茶名声大振。据说，朱熹在寓居武夷山时，亲自携篓去茶园采茶，并引之为乐事。有诗云："携赢北岭西，采撷供名饮。"

朱熹的《咏武夷茶》一直流传至今。其诗为：

咏武夷茶

武夷高处是蓬莱，
采取灵芽余自栽。
地僻芳菲镇长在，
谷寒彩蝶未全来。
红裳似欲留人醉，
锦幛何妨为客开。
咀罢醒心何处所，
近山重叠翠成堆。

茶叶外销不断增长。18世纪中期，就有学者把武夷茶定名为武夷变种Var.bohea，从此，武夷茶誉满全球，自那以后，西欧人还把茶称为"武夷"，并成为习俗。

中国的茶叶产于南方各省。输出茶叶必须首先组织茶源。晋商选择的茶叶产地，最初就在武夷山。武夷山位于江西、福建两省交界处，成东北——西南走向，北起仙霞岭，南至九连山，是赣江和闽江的分水岭，海拔平均1000米左右。过去，靠福建省的部分归崇安县管辖，素有“碧水丹山，珍水灵草”之誉。人们把它称作鸟的天堂、蛇的王国、昆虫的世界、动植物的天然避难所、研究两栖爬行动物的钥匙。从人文方面说，武夷山被称为闽邦邹鲁、道南理窟。历代咏武夷茶的诗文也给我们留下了武夷山翠绿茶田，茶农辛勤采摘的场景。

二、贩茶便利

晋商茶帮选择武夷山作为贩茶区，不仅是由于武夷山盛产茶叶，湖南与湖北其他茶区与武夷山的茶有同质性，在消费市场上消费者对几类茶的偏好也是相似的。首先选择武夷山作为贩茶区是因为当时清政府颁发照票时对其的疏漏。咸丰二年（1852）十月闽浙总督、福建巡抚联合上奏的《筹议闽省产茶各县，请就地给照征税，以杜偷漏》一折中提到：闽省贩茶，向不设立引照，征收课税，地方官无从稽查，难免偷漏营私。道光二十九年（1849）间，山西省盘获无引茶箱案内，经直隶省督臣讷尔经额以福建武夷山茶不科引课，商人往来贩运，官私莫辨，奏请明定章程，咨闽遵办。由此可见，咸丰年间的那项议定至少在咸丰二年并未付诸实施。因此可以推断出至早到咸丰二年，

武夷岩茶

福建省的茶叶贸易一直处于无人管理的状态。晋商不远千里去武夷山贩茶，正是由于在此处贩茶成本是相对较低的。

山西茶商的兴盛，将遥遥相隔的武夷山和恰克图紧密地联系起来。晋商贩茶并不是由于山西出产茶叶，而是其与广阔的茶叶消费区接壤。经恰克图出口供俄罗斯国内消费的茶叶大多来自福建省。福建的武夷山脉呈东北——西南走向，位于闽赣边境，成为福建通往内地的天然屏障。从事这一长途贩运贸易的商队以晋商最为著名。有史料记载，福建武夷茶，“清初，茶叶均系西客经营，由江西（铅山县河口镇）转

延伸阅读

范仲淹（989—1052），字希文，苏州吴县人。北宋政治家、文学家。他写的《和章岷从事斗茶歌》脍炙人口，在古代茶文化园地里占有一席之地。这首斗茶歌说的是文人雅士以及朝廷命官，在闲适的茗饮中采取的一种高雅的品茗方式，主要是斗水品、茶品（以及诗品）和煮茶技艺的高低。这种方式在宋代文士茗饮活动中颇具代表性，从他的诗可以看出，宋代武夷茶已是茶中极品，也作为斗茶的茶品。同时写出宋代武夷山斗茶的盛况。

晋商在武夷山的作坊

河南运销关外。西客者，山西商人也。每家资本约二三十万至百万两，货物往还，络绎不绝。首春客至，由行东赴河口欢迎，到地将款及所购茶单点交行东，恣所为不问，茶事毕，始结算别去”。

另外，清代政府茶政执行松弛，贩茶商人较多，故武夷茶出口大量增加，但国家又实行海禁，海路不畅通，武夷茶叶出口运输在陆路上则出现了因山西茶商、江西茶商曾在恰克图数度与俄商货物交换获得厚利，便沿信江抵武夷山下的河口（江西铅山县城），过武夷山分水关，来到闽北茶叶集散地——赤石，设栈收购，建庄制茶。每年采茶期一到，中国的茶商便从各个茶叶种植园主处购得上品的好茶，运到武夷山北边浙江省某地。这里早来了许多专营恰克图贸易的茶叶批发商，这些商人手中持有票引，每票允购运茶百斤。“清初茶市本在下梅，道光、咸丰年间，下梅废而赤石兴。盛时每日竹筏300（张），转运不绝。红茶、青茶向由山西茶客到县来采办，运往关外（恰克图）销售，一水可通，运费节省，故武夷（茶）之利，较从前不啻仅蓰。”西帮（山西、安徽、江西商人）运载茶叶、布匹等物到库伦和恰克图参加互市，一条自武夷山赤石至恰克图的陆地茶叶之路兴起，促进了交通运输的发展，沟通了国际商品流通。

武夷山至恰克图茶叶贸易全程经福建、江西、湖北、河南、山西、河北等省，近五千千米。具体的运输线路为：由闽省崇安县过分水关，

延伸阅读

和章岷从事斗茶歌

年年春自东南来，建溪先暖冰微开。
溪边奇茗冠天下，武夷仙人从古栽。
新雷昨夜发何处，家家嬉笑穿云去。
露芽错落一番荣，缀玉含珠散嘉树。
终朝采掇未盈襜，唯求精粹不敢贪。
研膏焙乳有雅制，方中圭兮圆中蟾。
北苑将期献天子，林下雄豪先斗美。
鼎磨云外首山铜，瓶携江上中泠水。
黄金碾畔绿尘飞，碧玉瓯中翠涛起。
斗茶味兮轻醍醐，斗茶香兮薄兰芷。
其间品第胡能欺，十目视而十手指。
胜若登仙不可攀，输同降将无穷耻。
吁嗟天产石上英，论功不愧阶前蓂。
众人之浊我可清，千日之醉我可醒。
屈原试与招魂魄，刘伶却得闻雷霆。
卢仝敢不歌，陆羽须作经。
森然万象中，焉知无茶星。
商山丈人休茹芝，首阳先生休采薇。
长安酒价减百万，成都药市无光辉。
不如仙山一啜好，泠然便欲乘风飞。
君莫羡，花间女郎只斗草，赢得珠玑满斗归。

清代茶叶之路示意图

入江西铅山县，在此装船顺信江下鄱阳湖，穿湖而过出九江口入长江，溯江抵武昌，转汉水至樊城（襄樊）起岸，贯河南入泽州（山西晋城），经潞安（长治）抵平遥、祁县、太谷、忻县、大同、天镇到张家口。从张家口再北上，先到库伦，后到恰克图。

第二节 繁荣的下梅茶场

清初，山西商人输出之茶远自福建北部之武夷山所产。武夷茶区是当时国内著名的茶叶产区，加之在外销茶中，皆认为武夷茶上乘，于是这里便出现了一个繁荣的茶叶市场，距离茶区不远，它就是下梅村——与晋商携手走过万里茶路的一个村落。追溯历史的发展，这个山环水抱的古村落，从商周时期就有了文明史，隋代有了人居环境，宋代有了村落，明代有了里坊，清代有了街市，康熙、乾隆两朝间下梅处于鼎盛时期。

关键词：下梅　邹氏家祠　传说　晋商常家

一、下梅邹氏家祠

下梅是武夷山东部的一个村落。下梅村位于梅溪下游，所以叫下梅村。原称崇安县下梅村，村内古街、古井、古码头、古房屋星罗棋布，很有江南水乡的风韵。下梅在清初恰克图贸易开通后发展成一个大的茶市，衷干在《茶市杂咏》一书中描述道：“清初，茶市在下梅，附近各县所产茶叶，均集中于此……茶叶均系西客经营，由江西转河南运销关外。西客者，山西商人也。每家资本二三十万两至百万。货物往还，络绎不绝。首春客至，由行东赴河口欢迎。到地将款及所购茶单点交行东，恣所为不问。茶事毕，始结算别去。”由此可见，山西商人包

晋商万里茶路起点——位于福建武夷山下梅村

销了这里的茶叶。

下梅村的茶叶行东在组织茶源上作用很大，功劳不小。据说比较有名的有邹氏、程氏、彭氏、陈氏、方氏等数家，而邹氏最为有名。与晋商经营武夷山茶的邹氏，曾为这个村落创建了辉煌的历史。下梅邹氏抓住了来武夷山的晋商，闯出了一条走向崛起的发展之路。邹氏原籍江西南丰县，清顺治年间，邹元老携子茂章、英章迁居下梅，专门与晋商协作，经营武夷岩茶。为运茶方便，邹家出巨资开挖了一条900多米的小运河——当溪，与流到村口的梅溪会接，构成交通水网，专供茶叶外运。之后，邹氏及村中富户陆续在当溪的南北两边建房70余幢，形成街市，这便是闻名遐迩的下梅茶市。下梅茶市建成后，茶叶交易十分繁忙，晋商的光顾，邹家的奋斗，使邹行东成为望族。邹茂章被诰封为中宪大夫、邹英章被诰封为奉旨大夫。于是，邹氏在乾隆十九年建成一座位于下梅村北街的豪宅，叫大夫第，还在村中建立邹氏家祠。

邹氏家祠是下梅村邹氏在与晋商合作经营武夷山茶叶获得巨大成功的丰碑，也成了整个村落的标志性建筑。它见证了邹氏经营茶叶走向成功，更见证了晋商行万里茶路创造的辉煌历史。

下梅邹氏家祠

二、动人的传说

下梅是武夷山清代重要的茶市，至今仍有大量的景观遗存和与晋商贸易的动人传说。下梅村有一口古井，叫“天一井”，它是清代茶市的茶叶商人每年举办新茶上市竞价斗茶的场所。

清时，每年春茶一上市，在武夷山贩茶的各地商贾，就要齐聚下梅，组阁一个茶价竞标行会。会首公推公荐，德高望重者榜上有名。下梅茶市集聚着许多家资雄厚的茶行老板。其中有不少是晋商。由于邹氏经营有道，互守诚信，因此常被推为会首。

为什么要举办这样的活动呢？这是因为当年武夷山茶叶经营时茶行竞争激烈，造成春茶上市的价格不实，甚至商贩之间尔虞我诈，一些巨富为了争夺春茶上市的开价权，甚至强行压价，茶市经营混乱。为了公平竞争，确保远道而来的晋商能在武夷山顺利贩茶，与邹氏合

天一井

延伸阅读

在武夷山的下梅村，现在还遗存一口清代茶商用来斗茶的井，它就是“天一井”。这口宋代就挖掘的井，因为它坐落在大洲埠旁，人们都叫它大井。到清代，下梅村成为交易武夷岩茶的茶市。竹筏出入转运，都要经过大井。这口井清代重修后，叫“天一井”，说起“天一井”井名的来历，它还有一段斗茶的传说呢。

沿用至今的武夷岩茶烘焙工具

作得最好的晋商常氏，提出通过公开征集井名的竞标活动，来裁决当年春茶的价格。

现场征集井名的规则是：地点选在梅溪上埠头的大井（现在的天一井）旁，时间以燃尽一炷香为限，井名需在“大井”二字范围构思，或添减笔画，但不得超过两笔。竞价活动之前，先是斗茶。各产家都拿出最好的茶叶，现场品饮，让众茶商品评茶质。接着，新茶上市的竞价擂台赛在征集井名的活动中推向了高潮。各茶行请来的文人墨客都处于高度紧张的状态。案几上的香炷快焚到尽处时，一个举着“集春号”茶商牌的赛手，受东家邹茂章的委托，跃上擂台击鼓，声称自己夺魁。只见这位秀才右手稳持毛笔，饱蘸酣墨之后，左手洒脱地画着弧线，右手瞬间在大井的“大”字上方添了一笔，遂成为“天”字，又在“大”与“井”之间的空隙间，恰到好处地就势一横，横出了“一”字，赫然中间的一字与左右之间的大井二字，巧妙地构成了“天一井”三字。邹家秀才大声呼道：“吾为邹东家取的井名为‘天一井’，众位客官认可否？”话刚毕，擂台上下立即惊呼起来，赞叹不绝。茶商会的总裁立身捻须赞叹道：“天一井，好响的名字呀，真是雅而不俗。算你邹东家夺魁了，夺魁了！”于是总裁让茶商会首们表决，大家顺利通过。总裁十分满意地敲响了锣，当众宣布今春茶叶上市的开价权让给了邹氏集春号。后来，下梅一百多家茶行老板在邹氏集春号的公正主持下，根据茶质茶品整合出了一系列的公平茶价，确保了晋商在下梅茶市收购茶叶的合法利益，遏制了一些不法茶商强买强卖的茶霸行为。

“天一井”经历了岁月沧桑，留下了斗茶竞价的佳话。现在人们还能辨识出它在道光二十二年（1842）秋重修过的痕迹。如今，“天一井”与当溪茶市风貌街区，已列入武夷山国家非物质文化遗产武夷岩茶制作技艺及习俗的保护对象。

茶市的繁荣带来了下梅的繁忙，村里人几乎全部投入到茶叶的经营活动中，尤其是茶叶运销季节，男人们整天忙碌在当溪、梅溪的河运上，傍晚才回家。于是，家中的媳妇每逢傍晚就会倚坐在当溪两岸的栏杆上眺望下游船只，盼望丈夫早点归来。为此邹家出资，在当溪两岸沿河修筑弧形长椅，供夫人们靠坐望夫，人称“美人靠”，为后人留下下梅这一独有的令人遐思不已的景观。

还有另外一种传说，说大商人邹茂章外出与山西榆次车辋的常氏做生意，

下梅运茶船只

◆下梅古民居“美人靠”

他的妻子茂章伯母每天就坐在当溪两边的长凳上，盼望丈夫回来，常常是等到黄昏日落，那夕阳的余晖映照在她的脸上，当溪潺潺流水又倒映着茂章伯母姣好的身姿，显得妩媚动人。然而丈夫常因忙于手头商务，误了归期，苦苦等丈夫早归的茂章伯母时常落了空。不甘寂寞的她，却变成了一条鲤鱼，悄悄地从这条当溪游出去跟随邹茂章的商船等，邹茂章做完生意回来时，迷人的茂章伯母又从鲤鱼精还原成富贵女子，斜靠在这风雨栏上，回眸一看，实在美丽。后来人们就把这风雨栏叫作“美人靠”。

下梅村至今仍保存着刻有村规民约的石碑，古老的巷道、古路、桥亭、水井、水口树等遗址，见证着往日的历史。下梅茶市昔日的茶叶交易量很大，据记载：“康熙十九年间，武夷茶市集崇安下梅，盛时每日行竹筏三百艘，来往货物转运不绝。”足见下梅邹氏昔日与晋商合作经营武夷茶的繁荣景象。又有史料说“崇安为产茶之区，又为聚茶之所，商贾辐辏，常数万人”。下梅茶市最繁荣的年代大约从康熙年间，晋商往蒙古运茶就开始了。恰克图开市后走向鼎盛，雍正、乾隆、嘉庆三朝，长盛不衰。鸦片战争后，五口通商，晋商的生意走向衰败，厦门、广州、潮州商人继起占领市场。咸丰年间，太平天国革命阻断武夷茶路，“自粤逆窜扰两楚，金陵道梗，商贩不行，佣工失业”，晋商才把茶源彻底改到两湖。到武夷山办茶的事渐渐告终，下梅的茶市也逐渐转移到赤石。

三、武夷山的山西茶商

武夷山九十九岩，岩岩有茶。当年福建武夷山茶区，有山西商人开办的茶山 30 多座。“山中土气宜茶，环九曲之内，不下数百家，皆以种茶为业，岁所产数十万斤，水浮陆转，鬻之四方，而夷茗甲于海内矣。”山中茶园，大多为外来僧侣占据，所谓寺僧“多晋江人，以茶坪为业，每寺订泉州人为茶师”。由于茶业发展，产业结构为之一变。嘉庆时，崇安产业以“土产茶最多，乌梅、

武夷山茶园

姜、黄、竹、纸次之”。武夷山产茶区相当广阔，其“周围百二十里，皆可种茶”。闽省茶叶大部分运销海外，长途贩运，必须财资雄厚，才能有效抵御风险，牟取大利。

控制闽茶北运恰克图销俄国及我国西北少数民族地区的晋商，每家资本二三十万至百万两白银，每年来茶山购茶，茶山行东必“赴河口欢迎”，可见其影响之大。这些山西茶商在茶区建立土庄茶栈和茶厂，大量收购毛茶，雇请茶师加焙，再行分工加工，形成规模壮观的茶市。崇安的星村、下梅，附近各县所产茶均集中于此，竹筏三百艘，转运不绝，道光年间浦城县浦茶之佳者转到武夷加焙。福州茶港开辟后赤石茶市兴起，在咸丰、同治间赤石茶庄达 60 多家。具有一定规模的茶市遍及闽北茶区，沙县也成为新兴茶区，“茶市大兴，乃富口、琅口、渔溪湾、馆前、云溪等乡茶庄林立，要以琅口为最盛”。

为了保证有充足而稳定的货源供应质量上乘、品味优良的商品，山西商人曾在福建省的武夷山区（或称乌龙茶区），通过类似于现在的代理商的“行

茶艺——见证万里茶路兴衰

东”，以类似于包买的形式控制了一些茶厂或者是小作坊，要求对方按自己的技术要求进行茶叶加工，在很大程度上，晋商对这些制茶作坊是有监督权的。茶山由当地人代为经营管理，每年茶叶收购齐后，才由茶店派人到福建茶山、茶场，将茶叶通过水路运到汉口，然后经陆路运到张家口，经加工后分等级运往蒙俄贸易市场。

这些晋商有一定实力后便从茶叶流通领域逐渐向种植领域渗透。原来武夷山周围的茶山属“山中僧道陇（垄）断居奇”，“至道光年间乃先后转鬻而入茶客”。山西茶商还通过直接收购或发放贷款、预买制等办法控制茶农。如崇安或星村的山西茶商亲自或派人到该县所有小市镇、乡村及寺院，向小农及和尚收购茶叶。种茶者于采摘之先，预取定银。这些现象说明山西茶商资本逐渐渗透到生产领域,形成产供销一条龙的经营方式。

晋商在武夷山的商业活动推动了茶叶种植和加工技术的进步，同时也带动了外来人口大批涌入茶区，主要做加工制造工作，有力地推动了山区开发和经济的繁荣。但是，在国际市场上武夷山茶区较早的就衰落了，早在 1866 年，福州附近“山头种茶者因见茶市日坏，无利可获，遂将茶树焚去，改种山芋”。造成这种结果的原因是茶叶质量下降、外国入侵者的竞争渐起和茶农收益减少。

有史料说 :“因华茶质量低落，印茶销

现代化的岩茶制作设备

路遂大为畅销。”到咸丰三年（1853）以后，传统的贸易格局与市场分布受到了冲击，去往福建等处的商道因太平天国以及外国侵略者的骚扰之故而受阻，货源中断，运输不畅，晋商在福建所设的茶庄、茶行也受到了很大的影响。在“福州通商后，西客生意遂衰，而下府、广、潮三帮继之而起”。即五口通商之后，茶成为中国输出之大宗，但福建茶在1853年之后主要是由福州输出。对于晋商，茶贸形势则更为不利了。史称“（福建）崇安为产茶之区，又为聚茶之所，商贾辐辏，常数万人。自粤逆窜扰两楚，金陵道梗，商贩不行，佣工失业”。在武夷山至恰克图贸易衰落程度加大的同时，晋商也不可避免地结束了在武夷山大量制茶、贩茶的辉煌时期。

四、晋中常家的贩茶足迹

与下梅邹氏共同经营武夷茶的生意伙伴，是山西省榆次车辋镇的常氏，常氏是晋商中的佼佼者，在山西，素有“乔家一个院，常氏两条街”的说法，

晋商常家在武夷山的茶山和加工作坊

足见常氏财力的雄厚。

邹氏与常氏贸易时用的发货收据

茶叶之路的兴起与中俄贸易有着最直接的关系。一定程度上说，茶叶之路就是中国对俄罗斯以茶叶为主要商品的贸易之路。据一些历史学家研究，中国北方边贸“像是有了中国历史就已经开辟了”。而茶叶在这里作为商品进行交换，在宋代已有记载，但其贸易额微不足道，只是象征性的，而且时开时关、时行时停。中俄真正政治上的互市起于清代。明隆庆元年(1567)俄国派大使彼得罗夫与亚力忽夫来中国，要求互市，明廷不准。清顺治十二年、十三年、十七年(1655、1656、1660)与康熙九年(1670)，俄向中国派遣的使臣，皆为商人或带商人同行，以便与我国民间进行不公开的茶叶贸易活动。后干脆出兵占领黑龙江以北一带，以雅克萨城为基地，谋求发展商贸，特别是想方设法进行茶叶购买。

康熙二十一年(1682)清兵出师征讨，毁雅克萨城，俄人乞和，并于康熙二十八年（1689）两国签订了《尼布楚条约》，“嗣后往来行旅，如有路票（护照），听其贸易”（第五条）。这是中俄互市茶叶的开始，也是中外订约的开始。但这个条约远远不能满足俄国对茶叶的需求。之后，俄国多次请求扩大茶贸，收效不大。雍正五年（1727）俄国女皇派使臣萨华来京恳请，中国商人亦多次请求清政府，希望恩准与俄国扩大贸易。于是，中俄正式签订《恰克图条约》。可见，真正有了相对固定的线路，被官方认可并作为国事加以管理和保护，则是在中俄《恰克图条约》签订之后，更确切地说是在中俄贸易统归恰克图一处之后。

清雍正五年中俄签订《恰克图条约》，开放恰克图、尼布楚和祖鲁海图三处中俄边境城市为商埠，但仍允许俄商入境，中国商人大多只依托库伦（今蒙古人民共和国首府乌兰巴托）、张家口、北京等地与俄商贸易。18 世纪 50

当年库伦的一座茶场及货垛

年代，清政府限制“夷人”入境，收缩边境贸易。乾隆二十年（1755）北口对俄贸易统归恰克图一处。恰克图成为中国对俄贸易唯一的“陆上码头”。于是，素有善贾之称，与俄商交易已大获其利的山西商人蜂起北上，垄断了恰克图市场。

从此，在中俄贸易中，山西商人就成为中国商人的代表了。同时，因为茶叶具有消食健胃的功能，到18世纪中期，茶叶已成为以食肉为主的蒙俄各民族生活中不可缺少的必需品，发展到“宁可一日无食，不可一日无茶”的程度。因此，中国对俄输出商品中茶叶随之取代丝绸、棉布上升到主导地位。至此，南起我国江南福建武夷山和湖南产茶区，沿长江到湖北汉口，溯汉江抵樊城（今湖北襄樊市），陆路至河南周口——山西晋城、长治、太原——河北张家口——内蒙古多伦或归化——库伦——恰克图，销往俄国西伯利亚、莫斯科及欧洲广大地区的横跨亚欧大陆的茶叶之路正式形成。

常家后代九世常万达就是这时携巨资北上恰克图，占据有利地形，专事对俄茶贸的。所以说，包括常家在内的晋商是茶叶之路的开拓者。

第二章

水陆交替　运茶北上

汉口是山西商人茶叶贩运中最重要的转运站。无论是前期从福建的武夷山，还是后来从湖南的安化、湖北的羊楼洞等地贩运茶叶，汉口都是茶叶转运中的必经之地。“街市每年值茶时，甚属盛望。届时则各地茶商云屯雾集，茶栈客栈俱属充满，坐轿坐车络绎道路，比之平日极为热闹……”

山西商人贩运的茶叶，从福建的武夷山、湖南的安化、湖北的羊楼洞等地，水路运抵汉口，换装木帆船，开始逆水汉江的又一段水运行程。

清咸丰年间由于受太平天国起义的影响，茶商们改采“两湖茶”，以湖南安化、临湘的聂家市，湖北蒲圻羊楼洞、崇阳、咸宁为主，就地加工成砖茶。茶砖先集中到汉口，再由汉口水运到襄樊及河南唐河、社旗；而后上岸以骡马驮运北上，经洛阳过黄河，过晋城、长治、太原、大同至张家口，或从右玉的杀虎口入内蒙古的归化（今呼和浩特），再由旅蒙茶商改用驼队在荒原沙漠中跋涉1000多千米至中俄边境口岸恰克图交易。俄商们将茶叶贩运至雅尔库兹克、乌拉尔、秋明，一直通向遥远的彼得堡与莫斯科。

第一节 汉口——水路旱路分道扬镳

汉口是山西商人在南方的大本营，修筑有汉口最大的会馆“山陕西会馆”。山西商人在汉口经商的项目十分庞杂，据《汉口山陕西会馆志》记载，有茶叶、烟叶、布匹、药材、丝绸、瓷器、竹木和桐油等等。

晋商自汉阳汉口，经汉阳府汉川、沔阳州，安陆府天门、潜江、钟祥；荆门州的沙洋，襄阳府宜城、襄阳，抵达樊城。水路行程一千零六十五里。

关键词：大本营 枢纽 常家茶号

一、九省通衢——汉口码头

汉口，顾名思义即汉水之口。明清时期是与朱仙镇、景德镇、佛山镇齐名的中国四大名镇之一。

汉水隋朝以前也叫沧浪水、夏水，于是江、汉交汇之处也叫夏口。汉口还曾被称为河口，因为人们常称汉水为小河。因汉水入江处在鲁山，汉口又曾称为鲁口。汉口又称汉皋、汉镇，皋是水边，汉皋，就是汉水之边的意思。汉口之名，因水因山而得名。

汉口之地原与汉阳连成一片，明朝成化年间（1465—1487），汉水下游连年大水，堤防多次决口，最终在汉阳西排沙口和郭茨口间决而东下，形成合二为一的河道，流入长江，把汉阳一分为二。汉水之南成为汉阳，汉水之北则成了汉口。清同治《续辑汉阳县志》载：汉口镇，在城北三里，分居仁、由义、循义、大智四坊。当江汉二水之冲，七省要道，五方杂处，由额公嗣至艾家嘴长十五里，陆居则蜂房蚁垤，舟居则鱼鳞鹰阵……闻昔兹邑，汉皋最为殷阜，地当八达之衢，舟楫所萃，上自三巴、两粤、南楚，下迄江淮，西则密迩荆襄，商船连樯，几于遏云碍日。百货充裕，摩肩击毂。《清史稿·地理志·湖北》载：夏口，冲，繁，疲，难。府治北。光绪二十四年析汉阳县汉水以北地分置，治汉口镇。自咸丰八年辟商埠，设江

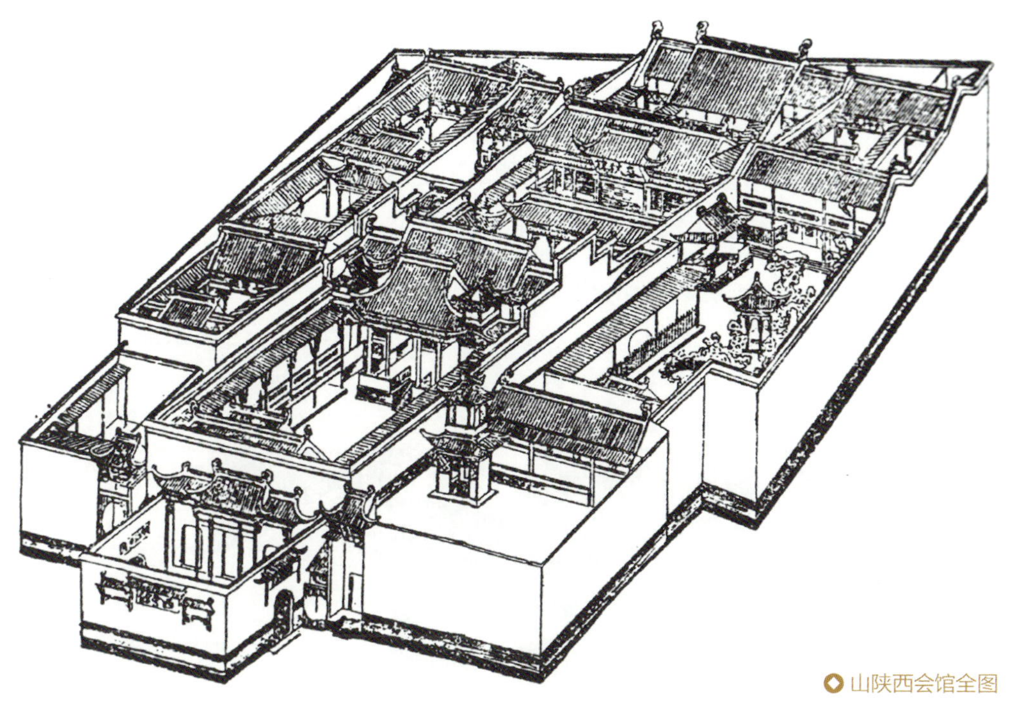

山陕西会馆全图

汉关。汉黄德道自黄州徙驻。西北：柏泉山。城东大江自汉阳来，至南岸嘴，合汉水，入黄冈界。汉水自汉川缘界会涢水，曰涢口。又东南来会，为汉口。古夏口，亦沔口，其故道襄河口。又东北入黄陂，为滠口。《读史方舆纪要·卷七十六·湖广二》载：夏口，在今武昌府城西，今府城，即古夏口城也。亦曰沔口，亦曰汉口，亦曰鲁口。或以夏水名，或以汉水名，或以对鲁山岸为名，实一处也。应劭曰：江别入沔为夏水，夏水始于分江，冬竭夏流，故名曰夏。《水经注》：夏水本江之别出，自江陵县东南，又东过华容县南，又东至江夏云杜县入于沔，谓之暑口。自暑口下沔水，通兼夏名，而南至鲁山下，会于江，谓之夏。

明清之际，汉口镇为湖北冲要之地，商贾毕集，帆樯满江，有九省通衢之称。乾隆《汉阳府志·汉镇形势说》中称汉口：人烟数十里，行户数千家，典铺数十重，船舶数千万，九州各大诸镇皆让焉。清初刘献廷在《广阳杂记·卷四》中称：汉口不特为楚省咽喉，而云贵、四川、湖南、广西、陕西、河南、江西之货物，皆于此焉转输。虽欲不雄于天下，而不可得也。

天下有四聚，北则京师，南则佛山，东则苏州，西则汉口。然东海之滨，苏州而外，更有芜湖、扬州、江宁、杭州以分其势，西则唯汉口耳。湖广总督张之洞在一份奏折中道：汉口镇，古名夏口，为九省通衢，夙称繁剧。自通商口岸以来，华洋杂处，事益纷烦。民国《夏口县志·卷十二·商务志》载：当江汉交汇之处，水道之便无他埠可拟。循大江而东，可通皖赣吴越诸名区，以直达上海。循大江而南，可越洞庭入沅湘，以通两广云贵。又西上荆宜而入三峡，可通巴蜀，以上溯金沙江……所谓九省之会也。张瀚《松窗梦语·商贾纪》记：大江以南，荆楚当其上游……其地跨有江汉，武昌为都

汉口山陕西会馆春秋楼

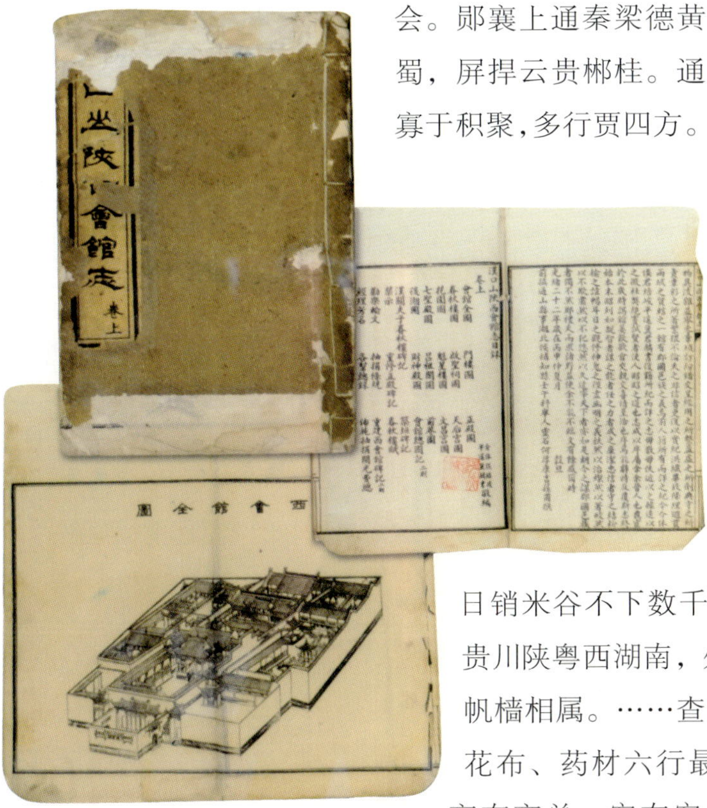

会。郧襄上通秦梁德黄，下临吴越，襟顾巴蜀，屏捍云贵郴桂。通五岭，入八闽。其民寡于积聚，多行贾四方。四方之贾，亦云集焉。晏斯盛在《请设商社疏》中道：楚北汉口一镇，尤通省市价之所视为消长，而人心之所因为动静者也。户口二十余万，五方杂处，百艺俱全，人类不一，日销米谷不下数千。所幸地当孔道，云贵川陕粤西湖南，处处相通，本省湖河，帆樯相属。……查该镇盐、当、米、木、花布、药材六行最大，各省会馆亦多，商有商总，客有客长，皆能经理各行各省之事。清叶调元在《汉口竹枝词》中描述：四坊为界市廛稠，生意都为获利谋，只为工商帮口异，强分上下八行头。姚鼐曾有《汉口竹枝词》：

扬州锦绣越州醅，巨木如山写蜀材。

黄鹤楼头望灯火，夜深江北估船来。

《汉口山陕西会馆志》

汉水在入江口上，水流弯曲，水势平缓，水深适度，水域较大，成为天然的避风良港。明末清初，各地船帆陆续集结，百姓纷纷迁居，发展极快。清嘉庆年间的范锴在《汉口丛谈》中说：汉口之盛，所以由于小河。……汉水多经曲折，水道狭窄，含沙较多，每至汛期，由上游奔腾而下，一面由小江口出江，一面由大桥口横流入后湖之黄孝河，故汉口之淤渍成洲，势所必至。

沿汉水最早的码头，是建于乾隆元年（1736）的天宝巷码头。接着第二年便修了杨家河（杨家口）、大水巷、兴茂巷、彭家巷码头。第三年又修了大

汉口港

汉口襄河码头

硚口、小硚口、武圣庙等码头。第四年又修了沈家庙、关圣祠、鸡窝巷、接驾嘴（集家嘴）、龙王庙码头。道光八年（1828），又陆续建了鲍家巷、新码头和流通巷码头。这些码头，都是沿汉水自上而下逐步修建的。从硚口至龙王庙，建有三十五个码头。叶调元说龙王庙码头一带“随岸急流。不能停泊，有木排长数丈，广半之，用大铁索系于江岸，用以泊船……水果行聚集于此”。后来，有些码头逐步成为专用码头。如接驾嘴码头成为薪炭市场码头，沈家庙和杨家河码头成为大米、杂粮和中药的专业码头等。沿汉水的这些码头都很小，仅能停靠内河木船，搬运全由人力，陡峭的河坡，上下艰难。《汉口竹枝词》说：

江潮汉汛到冬干，独跳凌空一尺宽。
后客面挨前客踵，上坡更比上天难。

汉口的码头主要集中在汉水北岸。汉水口南岸的汉阳，只是辅助汉口港的泊船码头，其繁荣程度逊于北岸。汉水口北岸有八大著名码头，即老官庙（宗三庙）、杨家口、武圣庙（关圣庙）、沈家庙、接驾嘴（集家嘴）、四官殿、柯家码头、龙王庙等。各省来汉进行贸易的商船，均有传统的停泊码头。汉水口两岸所停泊的船只常在二万四五千艘。千帆竞渡，通宵达旦。“载货物码头

拥挤的汉水口

则有二十余处，所有船舶俱湾泊于港内，舳舻相衔，殆无隙地，仅余水中一线，以为船舶往来之所也。”《汉口竹枝词》中有：

石填街道土填坡，八码头临一带河，
瓦屋竹楼千万户，本乡人少异乡多。
……
廿里长街八码头，陆多车轿水多舟。
……
十里帆樯依市立，万家灯火彻宵明。

二、晋商在汉口的买卖

在茶叶之路上从事对俄贸易的众多山西商号中经营历史最长、规模最大者，首推榆次常家。常氏一门，自乾隆时从事此项贸易始，子孙相承沿袭，历经乾隆、嘉庆、道光、咸丰、同治、光绪、宣统七朝，堪称清代的巨商和外贸世家。

据《汉口山陕西会馆志》载，清同治光绪年间重修汉口山陕西会馆时所

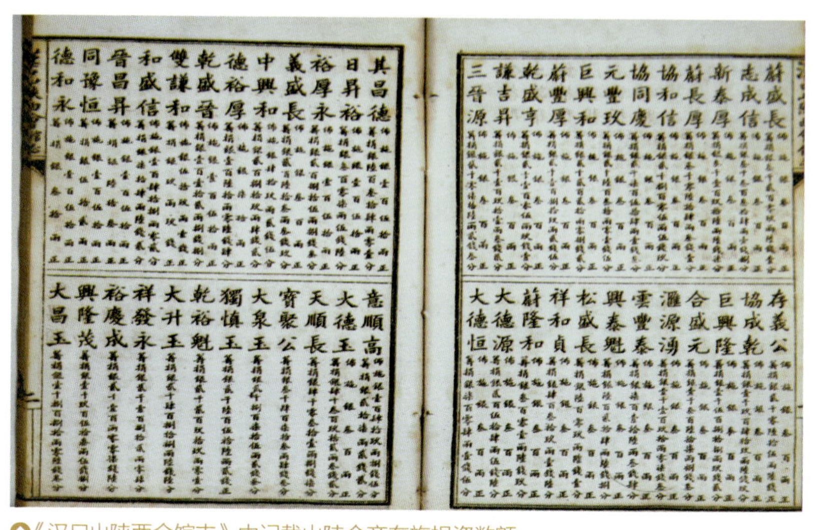
其昌德 日昇裕 裕厚永 義盛長 中興和 德裕厚 乾盛晉 雙謙和 和盛信 晉昌昇 同豫恒 德和永

意順高 大德玉 天順長 寶聚公 大泉玉 獨慎玉 乾裕魁 大升玉 祥發永 裕慶成 興隆茂 大昌玉

蔚盛長 志成信 新泰厚 蔚長厚 協和信 協同慶 元豐玖 巨興和 蔚豐厚 乾盛亨 謙吉昇 三晉源

存義公 協成乾 巨興隆 合盛元 滙源湧 雲豐泰 興泰魁 松盛長 祥和貞 蔚隆和 大德源 大德恒

◇《汉口山陕西会馆志》中记载山陕众商布施捐资数额

需经费，全部由在汉口的山西、陕西商人依经营商品品种和数量按比例筹集或募捐而来。光绪八年（1882）冬，晋榆弟子常氏众号赠送会馆关圣殿“直心道肠”匾。当时常家在汉口设有大昌玉、大德玉、大泉玉、三德玉、保和玉、慎德玉、大升玉、三和源、大涌玉、大顺玉、泰和玉、独慎玉共十二号。光绪七年（1881）九月，山西汾太两府红武茶帮众号十五家赠送的“大义参天”牌匾上有常家大德玉、大升玉、大泉玉、大昌玉四家。同年冬，山西太原府盒茶帮众号二十三家赠送的“千古正人”牌匾上，有常家大德玉、大涌玉两家。光绪乙酉年（1885）腊月，山西太汾红茶帮十五家商号赠送的“司衡天府”牌匾上有常家大德玉、大昌玉、大升玉、大泉玉、独慎玉五家。由此可得知，常家当时在汉口至少设有十三家商号，经营红茶绿茶盒茶的商号至少有七家。书中对各商帮、商号的筹捐数额作了详细的记载，茶帮各商号排列前二十名的数额如下（与各茶帮所赠匾额上的茶庄相对应）：大德玉 4392.32 两，天顺长 4031.87 两，宝聚公 3473.43 两，大泉玉 2875.23 两，独慎玉 2656.20 两，大升玉 2488.66 两，乾裕魁 2299.01 两，祥发永 2182.04 两，裕庆成 2100.76 两，兴隆茂 1953.58 两，大昌玉 1880.63 两，长盛川 1401.68 两，德巨生 1357.08 两，兴泰隆 1296.73 两，长裕川 1283.69 两，大德兴 1228.72 两，大涌玉 1124.91 两，大德常 997.11 两，乾泰魁 941.12 两，裕盛川 913.71 两。常家在前二十名中占到七个，在前十名中占到四个，位居第一的就是常家的老字号“大德玉”。常家十二个字号(除一个可能有笔误不能确认外)共捐筹银17361.55两，占到所有经营各类商品1111家商号筹捐总数182400.65两的9.52%，其中红茶14293.04两。按规定，红茶以每箱0.05两筹捐，只红茶一项的经营额就达285861箱。

晋商办茶，每年春季进入武夷山之后，诸事便交给行东去办，似乎当起了甩手掌柜。其实，事实并非如此。

行东作为茶叶产地的生产者和经营者，对于上门的客户毕恭毕敬是可以理解的。晋商又持有龙票，自然会被待若上宾。可是日子久了，入山晋商怎能仅坐而当客呢？茶叶产于我国南方，晋商从未了解种茶技术。但他们很快就了解了茶叶生产的全过程，逐渐对武夷茶农提出自己对加工茶叶的技术要求。并通过行东，利用近乎包买的形式控制一些制茶作坊，很大程度上将他们置于自己的监督之下。要求按一定的质量标准，保证稳定充足的货源来生产。

常家

后来，晋商的采购人员便成为茶叶监制；到茶源西移两湖时，晋商已俨然成茶叶生产的行家里手，能够指导茶农生产。据说，大盛魁的三玉川茶店在武夷山时就购买茶山五千亩、茶场七座，从种植到销售，完全可以独自经营。

武夷岩茶的生产有采摘、萎凋、做青、杀青、揉捻、烘干几道工序，每道工序都关系到茶叶的长途运输。万里茶路，水陆兼程，茶货要几次转运，几易其手，包装、防霉、防变质就成了大问题。包装用什么纸？用篓，还是用箱？晋商着实费了不少脑筋。乃至转两湖后，终于产生砖茶制法。茶路漫漫长万里，经历中国的南北方和蒙俄两国，地理条件复杂，气候变化无常，沿途关卡林立，税费繁多。要保证茶叶安全运输，晋商就得在语言、地理知识、民风民俗、人文常识、当局政策等多方面有所了解。所以，当一个称职合格的商人也很不容易。现在，还可看到许多晋商当年撰写的类似茶路指南的文字。如祁县的晋商博物馆内就有一本《行商遗要》，内容涉及运茶路上每天从哪儿起身，到哪儿歇身，在哪里吃饭、打尖，到哪里要交多少厘金、关税，路上大体费用要交多少才不吃亏，都记载得清清楚楚、明明白白。它是晋商经商的手册或教科书，是世代晋商传承使用的。它是晋商艰辛实践的总结，渗透着几代人的血和泪。

晋商的掌柜与伙计们当时的文化水平并不高，但出于经商的需要，茶庄的人大都懂点蒙语和俄语，大茶庄店内还开设俄语课、蒙语课，由多年跑茶路的伙友任教。他们还有自编的教材，上面全是用汉语注音的中俄对照和中蒙对照文字，根本没有外文的语法修辞之类的内容。它充分说明晋商是从实用主义的角度学外语的。就这样，晋商完成买卖人向经营家的升华。

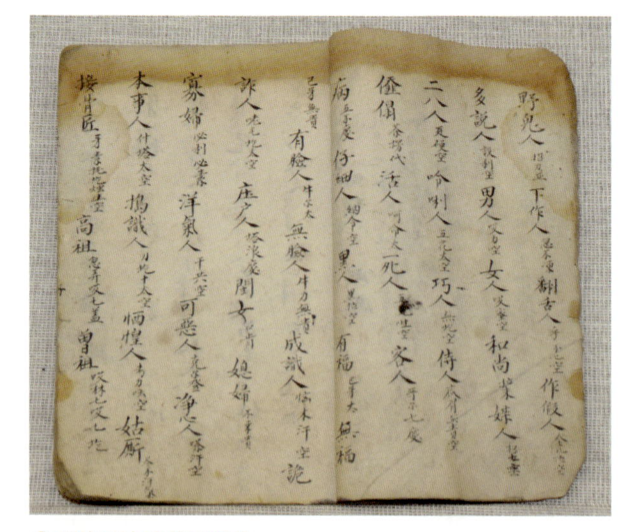

晋商汉字注蒙语词典

第二节 湖南、湖北茶叶畅销

万里茶路，可以这样概括："上下二百年，南北数千里。"它从康熙初年开创，到民国初年废弃共计两百多年，开创者是山西祁县人。它起点在福建，终点在恰克图。因为太平天国战争的缘故，茶路的起点转移到两湖。

晋商输入俄国地区的茶叶，前期大部分来自武夷山，为绿茶。除了福建武夷茶叶外，还辅以少量的安徽及湖南茶。后由于受太平天国运动的影响，茶叶来源中断，只好改由湖南供给，多为红茶。晋商在与俄商进行贸易时，交易的砖茶实际上为红茶绿茶混合压制而成。不想，由于红茶有健脾助消化的功效，混合砖茶则更受蒙俄消费者的喜爱。

关键词：两湖茶　茶路变更　茶区发展

一、茶路的变更

最初，晋商主要采买浙江和福建的茶叶。清咸丰年间，由于受太平天国起义的影响，山西茶商们改采"两湖茶"，以湖南安化、临湘的聂家市，湖北蒲圻羊楼洞、崇阳、咸宁为主，就地加工成砖茶。茶砖先集中到汉口，再由汉口水运到襄樊及河南唐河、社旗；而后上岸以骡马驮运北上，经洛阳过黄河，过晋城、长治、太原、大同至张家口，或从右玉的杀虎口入内蒙古的归化（今呼和浩特），再由旅蒙山西茶商改用驼队在荒原沙漠中跋涉1000多千米至中俄边境口岸恰克图交易。俄商们将茶叶贩运至雅尔库兹克、乌拉尔、秋

湖南砖茶

晋商驮队行进在沙漠中

明，一直通向遥远的彼得堡与莫斯科。

太平天国起义是晋商贩运武夷茶受阻的一个原因，其实还有另一个重要原因，这就是"国势弱，商势衰"，即如庄国土《从闽北到莫斯科的陆上茶叶之路——19 世纪中叶前中俄茶叶贸易研究》中记载：18 世纪至 19 世纪末期的陆上茶叶之路，从福建北部的武夷山区延伸到莫斯科，全程超过 4.5 万里。鸦片战争以后，西方以武力推动对华商务扩张，外商在华享有种种特权，华商在与外商竞争中纷纷败北，执塞外贸易之牛耳的山西商人也不得不退出对俄茶叶贸易，茶叶之路为以沙皇政府为后盾的俄商所垄断。清同治元年（1862），清政府被迫签订《中俄陆路通商条约》，俄商循英商之例，深入到中国内地经商办厂，他们拥有轮船、港口和西伯利亚铁路的优势，又独享输俄华茶的收购、制作、运输特权，深入中国内地收茶、制茶、贩茶，形成了以俄商代理华商的局面，甚至出现了"俄茶倒灌"，俄商将中国南方之茶销往新疆、满蒙等广大地区。其中武夷山茶，先由俄商运到俄国设在我国的制茶中心福州加工成砖茶，再海运到天津，然后陆运到张家口、恰克图进行贸易；1900 年，

湖南安化利源隆茶厂

修通西伯利亚铁路后，俄商将中国茶叶运至中国沿海各口岸，再海运到海参崴，经西伯利亚铁路运输到欧洲，中俄茶叶之路的主线无须再经中国境内了，昔日风光的晋商不得不于此时将此处的茶叶贸易拱手交给俄商。

一直到咸丰初年，采买茶叶的地区才有了改变。这是由于太平天国革命运动影响所致。对此，1868 年的天津海关贸易报告作有下列记载：

> 在 1853 年以前，运去恰克图销售的只有福建茶叶。但从 1853 年到 1856 年，由于太平天国叛乱者接近了该省的产茶区，使茶叶价格提高了 50％。而且到那些地方去也很不容易。于是就买了一些湖南茶和湖北茶，中国人运往恰克图去的茶叶箱里，先装上一半的湖南、湖北茶，再装上福建茶，然后再把这些茶叶当作纯粹的福建茶卖给俄国人……但是这种混合茶叶的销路非常好，以至有七八位有远见的中国商人预料到，这种新的茶叶比以前的茶叶，更适合俄国人的胃口，于是开始公开输入；不过大多数的人仍然输入福建茶叶。结果证明，输入福建茶叶的商人蒙受了巨大的损失。我听说，他们的损失达二百万两，因为俄国人显然是喜

欢湖南、湖北茶叶的。

对于咸丰时晋商办茶地点的转移，雷南等所作《湖南安化茶叶调查》一文中，也有下列记载：

> 安化原为黑茶市场，至清咸丰初年，始有红茶之制造。当时年产红茶约十万箱（每箱约五十五市斤至六十五市斤，细者重，粗者轻，装以二五洋箱，二五者，以每担可装二点五箱之谓也），花卷三万余卷（每卷七一点二五市斤），红茶销于俄国者约占百分之七十，英美仅占百分之三十。花卷则悉销于晋省。嗣广帮中兴，由香港销英美之红茶，约增至百分之四十，余百分之六十，仍由恰克图销于俄国。

此后，由于晋商及皖商在赴湖南采买茶叶及经商办货路上，发现湖北省蒲圻县、崇阳县与湖南省临湘县交界的羊楼洞、羊楼司一带地区，峦山重叠，树木苍郁，雨水充沛，气候温润，甚宜植茶，便指导当地农民栽培，并获得成功。很快使这一带形成一个著名的茶产区。戴啸洲《湖北羊楼洞之茶叶》一文中，

湖北羊楼洞

对此作有如下记述：

> 羊楼洞……以多山之故，茶产自属相宜。其起源虽不可考，但据地志所载：前清咸丰年间，晋皖茶商往湘经商，该地为必经之路。茶商见该地适于种茶，始指导土人，教栽培及制造红绿茶之法。光绪初年，红茶贸易极盛，经营茶庄者，年有七八十家。砖茶制造亦于此时开始。……当时尚用土法制造，有砖茶厂十余家，统由山西帮经营。

这里较其他省份茶区，交通便捷。崇阳、蒲圻二县，皆临陆水河，傍长江，由武汉转汉水即能抵达襄樊，可大大缩短运输周期及费用。所以，自同治末起直到清末，这里便成为晋商输俄茶叶的主要基地。

除此之外，这一时期仍有少量福建、江西之茶，由山西商人输俄。晚清时王先谦曾上奏："中国红茶、砖茶、帽盒茶均为俄人所需，运销甚巨。此三种茶，湘鄂产居多，闽赣较少，向为晋商所运。"

二、安化茶马古道

1. 安化种茶的历史源远流长

在唐代，安化境内所产渠江薄片就已成为贡茶。五代时毛文锡《茶谱》记载：潭邵之间有渠江，中有茶……其色如铁，而芳香异常，烹之无滓也。

宋代以前，安化的茶树多为野生，"山崖水畔，不种自生"。据《安化县志》载，当时"岩谷之间生殖无几，唯茶甲诸州县。……乃设茶场于资（江）上，置专官戍守"。至元明以后才开始大规模的人工种植："元、明以来，民渐艺植，各有修域。……深山穷峪，无不种茶。居民大半以茶为业，邑土产推此第一。"

安化黑茶始于明初，最早产于苞芷园，以后溯资江向上扩展，逐渐遍及全境。安化黑茶以"六洞茶"最为著名，即火烧洞、条鱼洞、漂水洞、檀香洞、深水洞、仙缸洞。以高家溪、马家溪所产最佳，俗称"高马二溪茶"。邻近等县也仿制黑茶，运至安化各埠出售，品质较次，称为"外路茶"，而安化本地所产则称为"道地茶"。祁县茶商在《行商遗要》中，对安化产茶地有准确记载：湖南省安化县，东临益阳，西通新化，南至韶阳，北达桃源，该县前四乡、

安化茶马古道

后五都为长安乡、长丰乡、安乐乡、桂花乡，一都、二都、三都、四都、五都。“安化一都三都之茶甚佳，二都五都次点，四都更次，四乡不佳，文墨出于一都耳。”“产茶地土佳者名曰：河南（资江以南）境内之马家溪、高甲溪、蔡家山、横山、杂木界、白竹水、白溪水、马河板、黄子溪。河北（资江以北）境内之竹子溪、水天坪、小水溪、龙阳洞、董家坊、雷打洞、半边山。”

清咸丰年间（1851—1861），广东茶商来到安化，开始制作红茶。太平天国起义之前，广东茶商销往广州的红茶同样来自于福建的崇安。无奈战争阻断了茶叶的运输，广东茶商只好自己到安化来种植制作红茶。据同治《安化县志》载：洪杨义军由长沙出江汉间。卒之；通山茶亦梗，缘此估帆取道湘潭抵安化境倡制红茶收买，畅行西洋等处。称曰广庄，盖东粤商也。1931 年曾继梧在《湖南各县调查笔记》中记载：清咸丰八年（1858）广东商人佐帆由广州入湘取道湘潭，抵达安化倡制红茶，为安化制造红茶之始。又有雷男 1937 年的《湖南安化茶叶调查史》载：咸丰四年（1854），粤商由湘潭抵安化倡制红茶，当时年产 10 万箱。

无论是咸丰四年还是八年，总之，安化开始红茶生产是咸丰年间的事情。

安化生产的红茶品质很好，据《同治安化县志》载：方红茶之初兴也，打包封箱，客有昌称武夷茶以求售者。熟知清香厚味，安化固十倍武夷，以致西洋等处无安化字号不买。

山西商人贩茶的历史虽然久远，但是却从来没有赴安化买过茶。

太平天国起义阻断了长江运输线路，恰克图茶叶贸易受到了严重影响。虽然没过多久商路得以开通，但是，福建地区的茶价却涨得很高。无奈之下，山西茶商开始把买茶的目的地，转移到了开始生产红茶的湘西一带。

由于安化红茶产量的局限，不能满足恰克图市场的需求，山西茶商便把一部分安化的黑茶也带到了恰克图。想不到的是，黑茶在恰克图也颇受欢迎，并且成了恰克图茶叶贸易中的主要品种。为了便于长途运输，山西茶商把黑茶制作成砖茶和千两茶。砖茶长约七寸八，宽四寸四，厚半寸；千两茶也叫三和茶，茶柱长约五尺，周长一尺七，因每棒茶重一千两而得其名。

山西茶商在安化收购、加工茶叶是通过当地的茶行进行的。

安化茶行在兴盛时的咸丰同治年间，达三百多家。多集中于资江两岸，如苞芷园、小淹、边江、江南、鸦雀坪、唐家观、酉州、黄沙坪、乔口、东坪等地。《行商遗要》记有：设立茶行者为一都三都之境。开行埠头：小淹、边江、江南、雅雀坪，俱一都之界。株溪口、酉州、黄沙坪、硚口、东坪俱三都之界。

安化黑茶

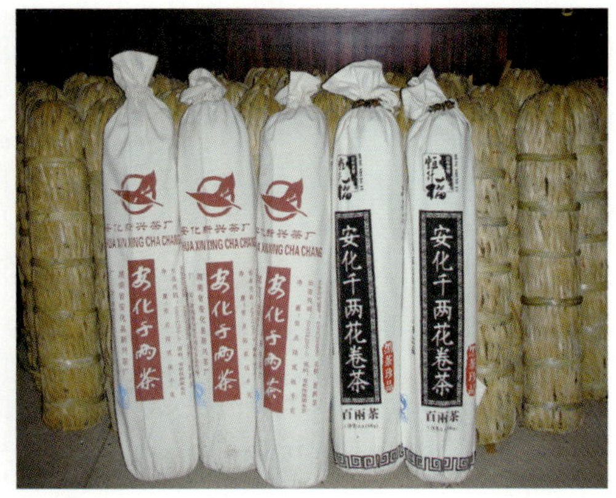

安化千两茶

设立茶行须配备收购毛茶、精制加工以及员工食用生活的全套设备。茶行行主盛情邀请山西茶商来行经营。安化茶谚有云："茶是草，客是宝，茶客不来不得了。"行主带上包头选备安化土产如腊肉、芝麻等物品去邀请茶商，茶商同意相邀时，当即口头为定。随即小帮进山。茶商派几人或十来人来到茶行打前站，作开秤及开工前的准备工作。小帮进山之后，茶商（有的带家眷）大帮人马来到，清明挂牌，谷雨开秤。对于行主来说，请到茶商进山，是一件极为庆幸的事。安排十分周到，礼遇谦恭有加。先将茶行里外打扫干净，茶商的住房洗净裱糊，到处张贴大红对联。茶商带有眷属的，则配备全新家具；单身茶商还给推介粉头。大帮到行时，行主大放鞭炮热烈欢迎，有的还在茶行正中设官牌（即麻将）招待，以茶商为主宾，邀请体面人士作陪，陪者心照不宣，有意让茶商赢钱，行主则趁机逢迎："桌上赢钱，商场发财"，以讨取茶商欢心。陪客赢钱归已，输了的行主奉还。行主设宴，按当地筵席最高规格，延请名师主厨，邀地方行政官员、头面人物、包头等作陪，使茶商感到既光彩又安全。茶商租用茶行，事前并无文字合同，但彼此心中有数。茶商开秤以后，行主可平时酌情支取，约在商务结束前的一个月，茶客主动将一年租金如数结清，返程前三天，行主照例请客，一切如前，充分体现迎送礼节，所以茶商与行主的宾主关系一般是老宾老主，相处融洽，行主始终礼遇有加，茶商则诚信以还，相互依存。

由于山西茶商在安化收购加工茶叶的地域较为分散，所以从安化运输茶

安化千两茶

整齐堆放的安化千两茶

繁华的黄沙坪

叶，不像在福建崇安那样有一个十分明确的起点。据有关资料记载，安化的茶叶基本上集中在黄沙坪和边江两个地方运出。黄沙坪沿资江而下，经酉州、雅雀坪、唐家观、江南、边江、小淹，于敷溪苞芷园入益阳县境，约九十里。

黄沙坪在边江上游约四十五里，东坪市下游七里。黄沙坪沿江东北下三四里，江北为酉州，又十四五里为唐家观，江南为雅雀坪；又东南下十余里，在资江南岸为江南镇，再三四里北岸为边江；东十五里南岸为小淹，三十里出安化。《行商遗要》记述：（上水去边江）湖溪（注："湖溪"应为"敷溪"），三十里至小淹，十五里至边江。

黄沙坪是一个临资江而建的小镇，因茶而兴，聚集了至少五十家茶行，"茶市斯为盛，两岸人烟稠"。黄沙坪有钱庄、绸店、当铺、药房、米店以及各类作坊、曲艺、唐班，街市十分繁荣。沿岸不到三里的地方就有十三个船码头，其中九个主要用来装运茶叶，有源生昌码头、三德玉码头、梅蓝货运码头、永泰福码头、福音堂码头、谦益盛码头、琦公码头……

2. 湖南安化到恰克图

随着福州通商港口的开放，更多的闽茶由外国资本控制，经海运出口，再加上清咸丰年间由于受太平天国起义的影响，晋商在武夷山茶区贩茶的力量逐渐缩小，而随之将更多的势力转移到了国内其他产茶区，最显著的为两

安化茶马古道上的驮工

湖地区，不但扩大了往昔的对俄茶叶贸易，还开拓了英美等新市场。尤其是1860年汉口被开辟为贸易港以后，更多的晋商则集中于此，在两湖贩茶，经汉口由陆路输往西伯利亚。

鸦片战争后，湖南形成了以安化为中心的茶叶生产基地，茶叶生产规模日益扩大，逐渐成为重要的茶叶生产、出口地区。安化县位于湖南长沙府，“为前四乡，后五都，东邻益阳，西通新化，南至邵阳，北达桃源。安化一都、三都之茶甚佳，二都、五都次点，四都更次，四乡不佳，文墨出于一都”。清初，“茶产安化者佳，充贡而外，西北各省多用此茶，而甘省及西域外藩需之尤切，设立官商，做成茶封，取官茶以充市易赏赉请蒙古之用，每年商贾云集”。

山西茶商赴安化办茶始于清初，“国初，茶日兴，贩夫贩妇，逐其利者日常八九。远商亦日至，日引庄，日曲沃庄，日滚包庄，皆西北商人也”。安化素以黑茶闻名，也是山西茶商采购贩运至西北重要的茶种。后经粤商改制红茶，安化遂成为重要的红茶产区。

茶商到湖南安化进山买茶一般先要在安化选择一茶行，通过茶行来购买。茶行有洋庄与口庄之分。洋庄收购茶叶卖给洋行运往欧洲，多往南运至广州；口庄收购茶叶（砖茶）销往张家口外的蒙古地区或俄罗斯，往北运赴恰克图。也有大量的山西茶商在安化当地设庄制茶，经加工精制之后运往汉口，经河南、山西转销西北各地或经张家口发至恰克图。晋商在安化制茶惯例，一般是：“湿叶一百斤做黑茶一包，做红茶二十六斤六两，茶老者，一包不用百斤，有九十斤，多够。虽如此论，山上茶宜做黑茶，人工俭省，柴火便宜；河边人宜做红茶，种种不同。”

晋商在湖南安化贩茶运往恰克图的路线为水陆两路：一路由常德、沙市、襄阳、郑州入山西泽州（晋城），北上抵张家口转恰克图；一路穿洞庭湖由岳阳入长江，下水至武汉，转汉水上抵樊城，起岸北上，经河南、山西抵张家口后转恰克图。

三、湖北茶区到恰克图

清乾隆年间，山西茶商到湖北羊楼洞设茶庄收购边茶，每年生产400吨远销西北地区。而道光时期，有一小部分晋商为了进一步扩大商务，曾踏入湖北东南部的武昌府组织货源，并指派专人监制茶叶，是清代最早开发鄂省茶山的对外贸易出口商。咸丰三年（1853）以后，在政局动荡、商业受阻的时候，更多的晋商发现湖南省临湘县与湖北蒲圻、崇阳县交界的羊楼洞、羊楼司一带峦山重叠、雨量充足、气候温润，甚宜制茶，又与长江临近，交通便捷，就指导当地农民栽培、制造茶叶之法，并获得了很大的成功。

晋商曾在湖北羊楼洞一带建起数十家砖茶加工作坊。据载：“羊楼峒（洞）

19 世纪湖北襄樊汉水畔的运茶船只

之始有砖茶，始自光绪初年，由山西茶商开其端。其压制法极为幼稚，置茶叶于榨器中，借杠杆力，压榨之，移时，在模中托出，放于楼上，听其自然干燥。”晋商还在羊楼洞、羊楼司一带指导农民栽培茶树。据载“羊楼洞……以多山之故，茶产自属相宜。……前清咸丰年间，晋皖茶商往湘经商，该地为必经之路。茶商见该地适于种茶，始指导土人，教栽培及制造红绿茶之法”。

山西茶商由湖北往恰克图的贸易路线是先在湖北崇阳、蒲圻、通城等地办茶，以湖北羊楼洞与湖南羊楼司为集散中心。然后沿陆水河入长江达武汉，转汉水至襄樊起岸，经河南、山西抵张家口转恰克图。后来，有一部分茶叶是经山西北部右玉县过杀虎口抵归化，再转恰克图。

在湖北茶区，山西商人把自己长期经营掌握的许多茶叶生产与制作加工知识传授给当地农民，使得湖北崇阳人和蒲圻人逐渐学会了坑种法、育苗移栽法、茶花间作法和压条法等种茶方法，更学会了炒青、蒸清等加工技术。

勇于奋进的晋商曾利用自己长期经营茶叶的机会，较系统地掌握了许多有关茶叶的生产及加工知识，进而又毫不保留地传授给这里的农民。在晋商的鼓动和茶利的诱使下，每到春天茶芽初发，乡间农人竞相务茶，摘之、踩之、焙之，忙得不可开交。史料记载，崇阳、咸宁山区百姓，皆以茶为业，“筛茶之男工、拣茶之女工，日夜歌笑市中，声如雷、汗如雨”，人称当地务茶的园户多，而栽禾的田户少，产茶业可谓兴盛。

山西商人或商业集团基本上控制了晚清湖北的茶叶生产，特别是武昌府所属各县的制茶业，使其茶叶加工活动按照自己的意图进行。在制作散茶时期和压制砖茶之初，茶农或园户常常是依据晋商的技术要求及质量指标进行茶货加工的，然后由晋商予以统一收购，有时还由晋商预支一部分钱，助民产茶，而后以产品折还。

“大凡驻汉办茶之（晋）商，每年派一总管带同司事入山（羊楼洞一带）造茶，若总管朴诚勤慎，监造精明……自当出色”。实际上，茶农是代晋商生产，也往往预先领一笔钱为其加工茶叶。这是一种包买商性质，晋商利用自己与茶农之间的监制和包买关系，在很大程度上参与了芙蓉山（制作砖茶较早的地方）、羊楼洞一带的茶叶生产，并支配或控制了茶户的加工活动及再生产过程，以致将蒲、崇等处变为他们的经营基地。如此包买商经济是中国社会历史发展到一定阶段和一定水平的产物，它是商业资本从流通领域逐渐转向生产领域的一个过渡时期，也可以说是资本主义生产关系的孕育时期，是其生长的关键阶段，非常重要。

“茶叶之路”自益阳八字哨入湘阴境，东北经西林港，十里南湖洲、十余里关公潭，北约十五里白马寺，折南十五里临资口，入湘江水运航道。东北行，三十余里芦林潭，十里王灵庙，二十里营田，十里推山咀，十里白鱼歧，十里沉沙港，十里鲫鱼夹，十里陈其望，北十里磊石，入洞庭湖。《洞庭湖志》载：资水，出宝庆府之武冈州之路山。《水经注》：出武陵无阳县唐糺由，盖即路山之别名也，谓之大溪水。又迳建兴县南，又迳都梁南，东北介大水，迳扶阳县古夫夷县。

湖南羊楼司

清代晋商在湖北收茶、制茶

又东北合邵陵水口，又东迳益阳县北，谓之资水。至茅夹河分三支出磅口：北通南湖洲，义过徐河口入沅江；大河流出布袋口；中出关公潭、白马寺、塞梓庙，又四十里，出临资口，会湘水入湖。《清史稿·地理志·湖南》载：湘阴……湘水在西，自长沙入，北合门泾江，又北流，西别出为濠河水，西北与资水分流，其合处曰临资口。其正渠又北至县治西南，白水江注之。又北过芦林潭，锡江水合濠河水自西来会。又北合汨水，西与湄水合。又西北会罗水，为汨罗江，西北流，歧为二，至屈潭复合。西北过屈罗戍南，分流注湘水。湘水西北至磊石山，入于洞庭湖。镇三：营田、萧婆、大荆。……西北有营田巡司，后废。

乾隆《周行备览·卷四·湖广》记：湖广长沙府至武昌府汉口水路程（下水）。长沙府长沙、善化二县……湘阴县……三十里芦陵潭（有市，有河去常德府），三十里荣田驿……三十里白玉歧（可住舟），三十里陈启望（东边里石山一站）。又《卷六·广东》：广东韶州府过小岭由湖广汉口水路程。韶州府……湘阴县（长沙府属，近洞庭湖。……有青草湖东纳汨罗之水，北与洞庭湖相接。……湘阴以下入洞庭湖，冬天水下沟，春，水多涨），十里笙竹驿，十里三峰窑，十里芦陵潭（即洞庭湖口，河通常德），十里王灵庙（湘阴六十里至荣田驿），云田（即荣田驿）。十里至升麻港，五里株木涌，十里猪屎港，十里白鱼池（有九神庙），皇峡，过白玉歧，陈沙港，十里鲫鱼夹，五里断腰港，五里豹狗嘴，五里陈其望（即陈启望，石山），六十里磊石驿（有市镇，河通常德府），五里磊石山黄茅港。注：《周行备览》中，“芦陵潭”即“芦林潭”；“荣田”应为“营田”；“白玉歧”即“白鱼歧”；“陈沙港”即“沉沙港”。“升麻港”约在推山咀附近；“陈其望”因是现在的“琴棋望”；“磊石驿”和“黄茅港”应在磊石山下的磊石镇；“鲫鱼夹”在现在青港附近。王灵庙、升麻港、株木涌、猪屎港、皇峡、断腰港、豹狗嘴等地名已不可考。总里程出入不大，前后有矛盾，有部分错误。

《行商遗要》记述：（上水去益阳）李石山，六十里至云亭，三十里至卢云滩，三十里至麟趾口，进小河，上水九十里至益。注：“李石山”即“磊石山”；“云亭”即“营田”；“卢云滩”即“芦林潭”；“麟趾口”应为“临资口”。里程无大错，仅临资口去益阳少十里。

洞庭湖

第三节　赊旗——南船北马

社旗县位于河南省西南部、南阳盆地东沿，县城所在地赊店镇，因东汉光武帝刘秀在此赊刘记酒幌为帅旗举兵反王莽而得名。清代乾嘉年间，赊店由于水陆交通发达，经济发展极为繁盛，被誉为“地濒赭水、北走汴洛，南船北马，总集百货”的“豫南巨镇”，是清代“万里茶路”的重要中转站。

关键词：中转站　水陆交接　中原

一、南船北马赊旗店

赊旗店，现社旗县，1965 年 11 月经国务院批准建县，周恩来总理亲自命名“社旗”，取“社会主义旗帜”之意。

赊旗店，也称赊店。“依伏牛而襟汉水，望金盆而掬琼浆；仰天时而居地利，富物产而畅人和”。《南阳县志》载：唐河经源潭东头，南至唐县西关外南流，每船行至赊旗镇止。……淯水以东，唐泌之间，赊旗店亦豫南巨镇也。

赊旗店是四通八达的水陆接运过载码头，为两湖、江西、福建、安徽、河南、

四大商业重镇之赊店镇

赊店老酒

赊旗山陕会馆春秋楼遗址

河北、山西、陕西九省通衢，是“地濒赭水，北走汴洛，南船北马，总集百货，尤多秦晋盐茶大贾”，“客妓利屣，笙歌盈衢”，“咸丰年兴榷关，其市岁税常巨万”的繁华巨镇。有“拉不完的赊旗店，填不满的北舞渡”之说。

赊旗店，最早叫“兴隆店”，相传大禹的女儿在此酿酒，于是形成了繁华的集市。西汉末年，群雄大战。西汉皇族刘秀怀光复汉室的雄心，率兵在宛城起事。后寡不敌众，带领一队人马落魄而逃。逃至一古镇，见一酒馆，众将狂饮，精神倍增，共议再举大事。酒过三巡，大计商定，唯缺帅旗。刘秀走出酒店，抬头见一酒幌在风中飘荡，正中一个“刘”字，大喜。遂赊酒幌为帅旗，一路征战，所向披靡。称帝后念“刘”记小店赊旗有功，封此店为赊旗店，酒为“赊店老酒”，此镇称“赊店镇”。

赊旗店唐代称“许封镇”，至唐僖宗乾符年间已具有相当规模。据《宋史》记载，当时许封镇已发展成为船来车往、商贾云集、生意兴隆、人烟稠密的繁华集镇。南宋末年，元兵南下，战争频繁，辉煌繁盛的许封镇，化为一片焦土。元在此设“三旗屯”，但人烟稀少。明时，山西、山东和湖北等地移民

赊旗山陕会馆关公夜读《春秋》铜像

先后来此，人口渐多，商业日渐繁荣。因有十家较有名的商铺，故又称“十家店”。兴隆店在赵河南岸，由于水陆交通便利，商客越来越多，“十家店”已名不副实，于是复名“兴隆店”。至清康熙年间已形成占地四里多的水旱码头。康熙四十七年（1708）改“兴隆店”为“兴隆集”。雍正年间，兴隆集逐渐向赵河北岸扩大发展，成为一条横跨赵河南北两岸的兴隆街。到乾隆年间，已发展成为长五里、阔四里的繁华巨镇。全镇街道密布，商号林立，聚居与流动人口达十三万之多，四方陆路，车如流水，赵河河道，船似游龙。二十多家骡马店朝夕客商不断，五百多家商号总集百货，七十二条道街分行划市经营，盛时，河道停船一次可达五百余艘，全镇

有四十八家过载行，日夜装卸不停，十几家骡马店家家客满，大车小车络绎不绝。当时商界公议,要给这个繁华商镇选取适宜镇名。乾隆四十七年(1782),山陕会馆的春秋楼落成时，秦晋大贾邀请商界同仁瞻仰关羽圣像，联想到汉光武帝刘秀在此地赊旗访将，起师推荐的故事，众议以“赊旗”为镇名。雍正二年（ 1724 ）《同行商贾公议戥秤定规》碑记言：赊旗店，四方客商杂货兴贩之墟，原初码头卖货行户原有数家，年来人烟稠多，开张卖载者二十余家。山西平遥日昇昌、蔚盛长票号在河南设立的第一家分号就设于赊店。

清李栋有诗描述赊旗店：

房舍重重依岸开，舟船日日顺河来，
马帮铃响丹霞绕，钟灵毓秀惹人爱。

随着商业的兴盛发展，全国南九北七十六个省的商人云集赊店经商，争相购地，建房设店，流寓定居。为了同乡联谊、合心经营，客商集资兴建会馆之风盛极一时。赊店镇内的同乡会馆有：山陕会馆、湖北会馆、江西会馆、

赊旗山陕会馆

清朝官员

福建会馆、广东会馆、直隶会馆、湖南会馆、安徽会馆等十余座，其中尤以最早寓居此地的山陕商贾集资兴建的“山陕会馆”最为雄伟壮观。此外尚有行业会馆性质的老庙（戏剧）、火神庙（鞭炮行）、马神庙（马车行）、大王庙（船运行）等大中型庙宇十余座。

咸丰七年（1857），捻军攻陷赊店，火烧了山陕会馆的春秋楼，赊店商业遭到重创。咸丰八年（1858），全镇商民集资建起了环城十六里、高三丈有余的砖砌城墙；同年，河南巡抚奉旨在赊店镇设立署理南阳、桐柏、唐河、裕州、泌阳五县的厘金总局，知署厘金局的官员更为三品道台衔。

光绪末年，平汉铁路通车，交通要道东移，水运渐次萧条，赊店镇失去贸易中心的地位。民国中后期，军阀混战，土匪横行，日军轰炸，造成赊店古镇商业的凋零。英国学者贝思飞在《民国时期的土匪》（徐有成译）一书中写道：豫西南的赊旗镇曾是通过唐河和白河运往汉口的货物集散地。从蒙古和西北来的商队也在那里逗留，将带来的货物装上船，那些从南方来的满载货物的船只，在返回之前也要卸货。总之，赊旗镇一直是全国最富有的商业贸易中心之一，铁路的兴建，给它带来了巨大的冲击，它被剥夺了所有的商业活动，除了麻油、白酒和其他一些产品外。到了 20 世纪 20 年代，它已经沦为满是尘土的小市镇了。

二、穿越中原

赊旗是万里茶路水路的终点、陆路的起点，从此茶路进入中原地区。穿越中原，在整个茶路中并不算什么艰苦的旅程。相对而言，从南阳盆地步入豫东平川，路比较好走，交通便利，路途周边商业码头也多。像禹县、周口、朱仙镇、郑州、开封、洛阳都算全国闻名的集镇。南来北往商旅众多，茶路应该不仅一条。但远程贩运的国际茶路容不得随意耽搁，晋商选择的仍然是最便捷的路。一般是纵向穿越中原，由泽州入晋，再纵向穿晋，通往内蒙古。这一段路上的主要运载工具有骆驼、骡，从赊旗到山西祁县的鲁村，又以骡驮为主。鲁村开始进入晋中平川，铁轮大车可以行驶，茶货换装非常普遍。

赊旗古镇今貌

按照《行商遗要》上记载的每日行程，可以推断赊旗至鲁村的行动路线。

从赊旗出发，走

17 ~ 18 天，每日住宿、用餐都是安排好的：

赊旗出发，行 50 里到裕州（此后均为华里）。裕州即今日之方城，当晚住宿裕州。

裕州出发，行 40 里到龙泉镇用餐，龙泉镇在方城与旧县间。饭后再行 50 里，抵旧县住宿。

旧县出发，行 50 里到汝坟桥（在今叶县北部）用餐。饭后再行 40 里，抵襄县住宿。

襄县出发，行 40 里到颍桥（今襄城北）用餐。饭后再行 50 里抵石固住宿（今禹县石固镇）。

石固出发，行 60 里抵新郑住宿。

新郑出发，行 40 里到郭店（今郑州南）用餐。饭后再行 50 里，抵郑州住宿。

郑州出发，行 60 里抵荥阳住宿。

荥阳出发，行 40 里到汜水用餐。饭后过黄河，至黄河北岸的平皋。再行 25 里，抵温县住宿。

温县出发，行 25 里到郭村（温县境内）用餐。饭后再行 50 里，抵邗邰，即今沁阳市邗邰镇住宿。

邗邰出发，行 45 里抵拦车住宿。进入山西，准备翻越太行山。

拦车出发，翻越太行山，行 60 里抵泽州住宿。

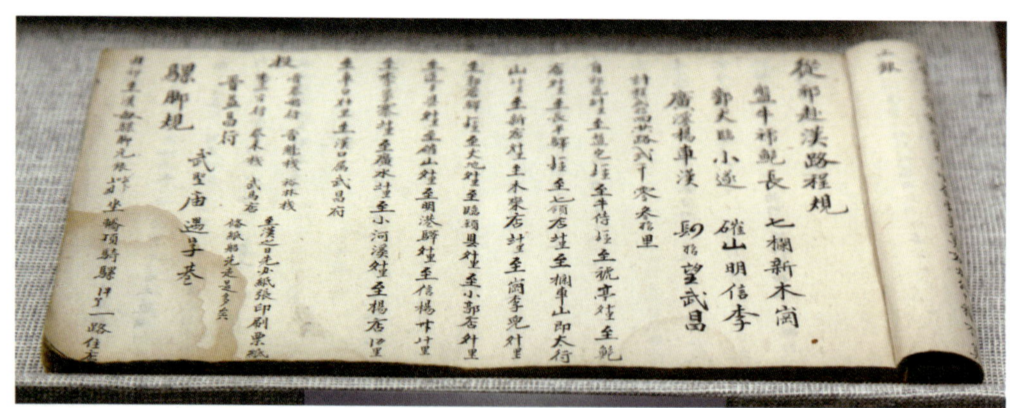
從祁赴漢路程規

抄本《办货规则及路程》

泽州出发，行 60 里抵乔村（今高平市南）住宿。

乔村出发，行 60 里抵长平驿（今高平市境内）住宿。

长平驿出发，行 50 里到普头（今长子县大堡头）用餐。饭后再行 50 里至鲍店住宿。

鲍店出发，行 50 里到交川沟用餐。饭后再行 40 里到褫亭(今襄垣县褫亭镇)住宿。

褫亭出发，行 60 里抵沁州住宿。

沁州出发，行 60 里到西阳（今沁县北）用餐。饭后再行 45 里抵土门（今武乡县西）住宿。

土门出发，行 35 里到来远（今祁县东南）用餐。再行 30 里到子洪口出山，10 里路即到达鲁村。

从赊旗到鲁村之间，有两个地方需要特别关注：

一个是泽州，今日的晋城市。这是商路进入山西第一站，也是这段路途上最艰险、最劳累的一天。从邗部出发不久就进入太行山区，有天井关、羊肠坂等险隘，山大坡高，路狭难行。已经经过十余天旅途的茶货，再经山路颠簸，抵泽州后，都必须进行大的检修。修补破损的茶篓，加固松散的驼驮。所以，泽州是茶路上的重要维修站，有两处大的骡马、骆驼店，一为新泰店，一为万顺店。清末，鲁村人王沛在晋城南关又新开新顺店。据说该店占地近百亩，伙友 100 余人，专门搞茶货转运。发家后，王沛又专做从河南采买蓝

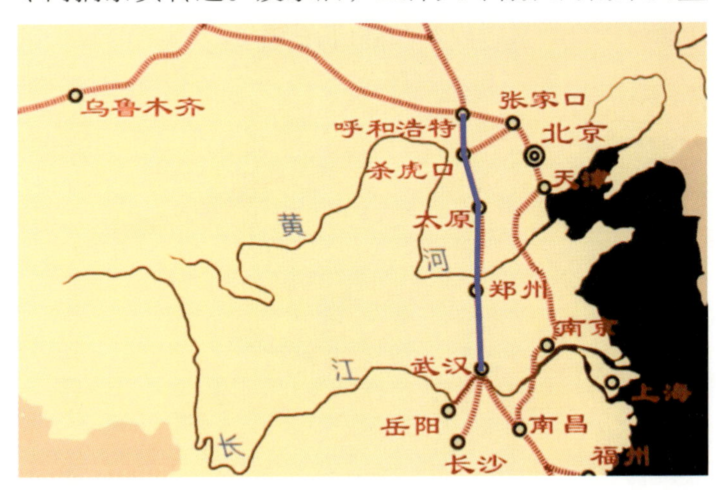

◎ 万里茶路中原段

靛的生意，在太谷等地开办染房，十分赚钱。泽州是晋商的发祥地之一。早在明代万历年间，就与平阳、潞州（今长治）并称，有“平阳、泽潞富商大贾甲天下”之称。泽州古来就有冶铁、织帕、贴金等传统产业，其铁货闻名于外，“风台大阳钢针”、“泽州铁锅”在俄蒙市场也很有名。所以，这里不仅是茶路的重要转运站，而且也是发货站，众多商品从这里加入茶叶之路的物流。

另一个要说的是鲁村。它是茶货出太行山后第一个物流集结点，也是进入太原盆地的第一站。从此，茶货来到经营者的故乡，来到平坦的晋中平川。从这里直到著名的东西两口可以将茶货装在铁轮大车上北运。一辆铁轮车，有两套，有三套，也可四马运载，载货量是单个骡驮的几十倍。所以，鲁村实际上是驮运转车运的接转点。一百年前，这里是个大货场。有四家大的车马大店，名利泉店、丰元店、万顺店、德业店。万顺店的主人就是上述在晋城开新顺店的王沛。他们的这种店铺，票号兴盛起来后，人称过载店。因为，它除留宿人货、中转物资、赚取车马运输费外，还有结算货款的功能。许多票号在那里派驻专人或设有分店。所以，那时鲁村是车水马龙，人来人往，十分兴盛的。

需要特别指出的是，鲁村地理位置也十分重要。它往左拐是祁县，往右拐是榆次，照直走是太谷。这三县正好是经营茶路生意的大财东们的故里。茶货过门前，极品送主人品尝、检验，人员回总号交代，自然是经常的、难免的事，只是大量茶货并不需要运回，诸事办理停当，满载的铁轮大车队就从鲁村出发，径直向东西两口奔去。

第三章

经城越关　栉风沐雨

离开晋商财东故里的铁轮车队，一路风尘仆仆，经过太谷、徐沟、太原、阳曲、忻县、原平、代县，来到天下第一雄关雁门关。“三关冲要无双地，九塞尊崇第一关。”雁门关历来是扼控中原，屏障三晋的咽喉。重峦迭叠，霞举云飞，山势之陡峻，道路之险要自不待言，又是出入山西必经之路。人员、车辆之多往往路塞。为此，历来为政者十分重视道路交通。

自黄花梁分道直至东西两口的茶货，到达两口之后，即到达销售和交易的目的地，同时这里是继续北输俄国的中转站。张家口是中国商人塞外贸易的货物集散地与贸易中枢，南北货汇集于此，再经各条商路分流到塞外各处。山西茶商将茶叶或卖出或改变包装、运输工具继续北运至恰克图。从杀虎口进出的商旅驮队、马帮络绎不绝，杀虎口自古就是兵家必争之地，现在还留有雄伟壮观的古长城、鳞次栉比的烽火台、苍凉古朴的古战场等景点，最重要的是这里边塞的气质一直未变。

第一节　山西茶商的北路行程

山西雁门关是晋商赴蒙、俄贸易的必经之路。经由雁门关北上的商人有很多活跃在张家口、多伦、归化城、西包头、丰镇等处。晋商从内地运往蒙区和俄国的商品以茶叶、烟草、杂货为大宗，输入内地的商品则以牲畜、皮毛等为主。晋商的经营活动推动了汉、蒙民族之间的物资交流，也促进了塞北地区商业城镇的发展。

关键词：黄花梁　雁门关　两口

一、过了黄花梁，两眼泪汪汪

乾隆三十六年（1771）三月，代州州官在雁门关关门处立起一个分道石碑，如今碑文已剥蚀，不可卒读。其大概意思是：雁门关北路系靠山崖，往来车辆不能并行，易起争端，为商民之累，州官相度形势，于东路另开车道。凡南来车辆于东道行驶，北来车辆于两路经由，不得相撞。这充分说明雁门关当日是何等繁忙。作为茶路的唯一通道，虽路途险恶，商货不得不翻越，商人不得不叩关！雁门关城楼南边还有一些碑刻。其中有一块立于清宣统元年(1909) 秋，名《雁门关道路碑》，记述当地僧众向过往商旅募化银两，维修道路的情况。碑文中说："山右之有雁门关也，南北通衢，东西要路，迤逦数十里，沙石纷起，飞泉四出，屹然称天险焉……戊申夏大雨连绵，洪水为灾，山形暴裂，地势大倾，以致往来行旅猝焉中止。遥遥道路返驾……清珠师（僧人名）……因求道州两大宪转请代州绅衿，谕令本城四乡各给缘簿一本，募化于经商之必由是路者……不数日而捐金四百。此事之成，商界之力也。"这段碑文背面镌刻各地商户捐款记名。我们从上面找到几乎所有恰克图商路上经营茶货的大商家的名字。从中可以看出雁门关商道对他们有多么重要！

翻过雁门险关，商旅们似乎可松一口气，继续北行 100 里，便来到一个叫黄花梁的地方。这是横亘在应县、怀仁、山阴三县交界的高低起伏不平的山梁。它以裸露的玄武岩为基本地质特征，上面覆盖着黄土，大片的梁丘上没有高人的植物，只有遍地沙砾。只是到秋季，漫山遍野，黄花耀金，冷风吹来，黄叶凋零，使人顿生空旷凄凉的感觉。为了谋生而背井离乡的晋商，每每来到这里，油然而生思乡恋家之情。许多人感到这里已是山西的边上！要离开故土！所以，南面上来的商旅就唱起悲凉的民歌：

上一个黄花墚呀，两眼泪汪汪，

先想我老婆，再想我的娘，

那风大沙又多，一片好凄凉啊！

因为，这里还有个很特别的地方，就是它恰好是通往西口——张家口和西口——归化的岔路口。从岗上看去，南面而来的路，清清楚楚分成东西两条。今日，这里有一个地名叫歧道地。附近村落就叫歧道地村，属今天的山阴县北周庄镇管辖。村里老年人告诉我们：那些初次出门做买卖的人，也就是首

雁门关

杀虎口

次走西口的人，来到岔路口，往往不知道该去哪里，不晓得到哪路生意会好，就只好脱下鞋板儿，面向南，使劲往天上甩，鞋扔到哪边，就义无反顾地朝哪里走去。至于事业能否成功，只能听天由命。告别黄花梁，取道西路，大约还要一天的路程，就到达今天真正的山西出省口——杀虎口。杀虎口位于右玉县北 20 里处，如今是山西通往内蒙古的干线公路的要隘。

杀虎口，又称杀胡口，据说是明隆庆五年（1571），明廷和俺答汗封贡通市后开辟出来的关市，早有云中五堡中第一要地之称。据黄鉴晖先生介绍，杀虎口于明嘉靖二十三年（1544）建筑城堡，明万历四十三年（1615）另建一堡，名平集堡，后来，二堡合一，成为“汉夷贸易，蚁聚城市，日不下五六百骑”的商贸重镇。清初，大量山西人到内蒙古一带谋生，多由此出，杀虎口就有西口的俗称。老西儿们说的走西口就是指这里。直到乾隆二十六年（1761）关税由杀虎口改为归绥征收，杀虎口仍是很繁荣的集镇。商铺林立，贾贩接踵。著名的旅蒙商大盛魁最早就是在杀虎口开杂货店吉盛堂而起家的。

如今，杀虎口已成为一个一般的路边村庄，堡城、堡墙均荡然无存。身

杀虎口地貌

临其境，根本没有一点闹市的印象。如果不是人们在路边的长城遗址上，靠近原关城处筑起个小亭，并且当地政府挂着牌子，计划开发杀虎口旅游资源外，任何的历史沧桑，都是感觉不出来的。

二、东西两口贩运茶货，牛铃声声驼道难行

自黄花堞分道直至东西两口的茶货，到达两口之后，即到达销售和交易的目的地，又是继续北输俄国的中转站。

明王朝建立以后，把称雄一代的蒙古族赶往漠北，修筑长城加以防守。到明代后期，初步统一漠南蒙古的俺答汗壮大起来，在今呼和浩特修筑板升，并积极要求与内地通商。经过一番战争和交涉，明隆庆五年（1571），明廷与俺答实现封贡通市，民族友好。被蒙古人称为库库和屯的板升建设起来。万历三年（1575），明廷把这里定名为归化。清时归化置厅，乾隆二年（1737），清廷又在归化城东北修筑防城，两年后，防城建好，乾隆赐名绥远，派驻绥

远将军守卫和管理，乾隆二十六年（1761），随着关税征收由杀虎口移到这里，归化就有西口之名。

和西口比起来，东口的开发又要早一点。明代，作为外长城上的张家口，早就由宣大总督驻防、管辖。明嘉靖《宣府镇志》载:“先年大市中贾店鳞比，各有名称，如云:南京罗缎铺，苏杭绸缎铺，潞州绸铺，泽州帕铺，临清布帛铺，绒锦铺,杂货铺,各行交易铺沿长四五里许,贾皆争居之。”嘉靖三十年（1551），在今大境门外正西沟一带就开设马市。隆庆五年，封贡通市后，张家口成为最吸引内地人前往的地方。万历四十二年（1614），张家口建成上下堡市场，日渐繁荣。清初，外长城上修筑大境门，建起外管市场。张家口已是“商贾皆出山右，而汾介居多，踵世边居，婚嫁随之”的商业码头，并出现八大皇商。张家口驻有察哈尔都统衙门。恰克图贸易开展后，发放龙票的权利就是属于都统衙门的，只是到后来，归化城的绥远将军才有这个权利。

恰克图茶路开通之后，张家口和归化城成为茶货的重要集散点。归化城

清代归化北门

的大盛魁自然是茶路上的主力部队。张家口也云集大量山西茶商，有祁县帮、榆次帮、汾阳帮等等，以至张家口城里有老茶店巷、小茶店巷、晋吕东栈、晋昌西栈等专用地名。这两个城市既销售当地盛产的皮毛、牲畜，又经营俄、蒙的许多畜产品，故又成为羊马、皮毛的专业市场。日久天长，张家口就有中国皮都之美称。归化城开辟通往北京的京羊道。还由于从归化城或张家口起，茶货一律要改用骆驼运输（也有部分牛车），所以，这两个城市养驼、拉骆驼就成了很大的一个产业。归化人把市场称作桥，归化城里就有马桥、牛桥、羊桥。骆驼就更多，有两家祁县人在归化养骆驼，很出名，人称“余一千，柳八百”。听说归化城最多时有 16 万峰骆驼。到民国十八年（1929），张家口跑恰克图的骆驼就有近 20 万峰，一般人家养 3 ~ 5 峰骆驼习以为常，养一两千峰的也大有人在。由于养驼户多，每年骆驼出发时，都要先集中在正西沟街或西坝岗，成为张家口一道独特的风景线。 骆驼运输每年秋季九月开始，经历一个严冬，每天昼伏夜行，过着晨昏颠倒的生活。人们常言道：“世上三

清代张家口街景

张家口的老倌车

般没奈何：赶车、巡夜、拉骆驼。”但张家口和归化干这种营生的人太多、太普遍！他们当中有大量的蒙族兄弟和回族兄弟。大家在晋商的带领下，长年奔波在茶路上。有一首民谣最能道出他们的艰辛：

提起个拉骆驼，三星照当坡。
蓝天当被盖，沙地做被窝。
吃的是莜面沾盐水啊！提起个拉骆驼。
提起个拉骆驼，几辈受饥饿。
冬天冻个死，夏天热个慌。
受不完的罪过吃不完的苦啊！提起个拉骆驼。

除骆驼运输外，张家口还有一种叫老倌车的运输工具。老倌车其实就是木制牛车。不过，用来驾车的不是菜牛，而是专门喂养的耐饥渴、力气大的糟牛。大倌车轮差小，轱辘大，每车装载四五百斤，日行三四十里，每年清明出发，上秋返回，往返于张库商道，即张家口至库伦的道路上，一走就得半年。张家口和归化去库伦，走的不是一条路，但殊途同归，都要到库伦（今蒙古国首都乌兰巴托），都要经过蒙古国南部的南戈壁省、东戈壁省和中戈壁省。沙漠里的道路是难以固定下来的。这里，地广人稀，朔漠大荒，戈壁流沙，旅途凶险。作家梅沽曾作过这样的描写：

> 夏日酷暑，头顶烈日，足履灼沙，数日不见水源，如煎如炙；冬季，大漠高原，朔风呼啸，寒冷刺骨；春秋两季，时有风沙骤至，天地昧冥，填路埋人。间或遇骑匪出没，杀人掠货，死于天灾人祸的，时有所闻。黄沙埋白骨，风雪裹冻灵。旅途之艰险难以用语言形容。

这是张库商道上的情况。过库伦继续前行到恰克图，进入山地，陡坡较多，辗转绕行，还要渡伊鲁河，往往遇河水上涨，不仅会延误行程，甚至还遭遇车漂物没、冲走人畜的悲剧。

到达恰克图，这是初期恰克图贸易的终点。但没多久，旅蒙商就跨越国界到俄国经商。俄国境内是西伯利亚高寒地区，千里冰封的景象预示着路途的艰难。其困难程度恐怕不亚于蒙古高原。路经蒙古、俄国的雪山，还可能

张家口大境门外正沟驼市（清康熙年间）

赴蒙贸易的晋商

遭遇雪崩，将整个商队一举吞没。因此，旅蒙商开辟并长期经营的这条茶叶之路，是一条充满艰险的路，是一条千万人冒着生命危险寻求的生存之路。旅蒙商用他们的智慧和勇气、精明和诚信把万里茶路上的中外各民族组织起来，从商品的生产、加工、运输，到销售，跨国经营，因此说万里茶路晋商魂。

旅蒙商的茶叶之路确实并不止一条，但走恰克图是条主路。从归化往西，经过乌里雅苏台、科布多，到新疆的伊犁、塔尔巴哈台（今塔城），同样可以到俄国和欧洲，是为西路。从张家口经多伦、锡林郭勒到呼伦贝尔，转道俄国，是为东路。这三条路，把中国、蒙古、俄国沟通起来。

第二节 山西茶商与张家口

山西茶商在清初康熙、乾隆年间就在张家口兴盛起来。茶商以砖茶销往蒙古草原，以红茶远销俄国，在远东、中亚和西伯利亚一带都有山西茶商的足迹。山西茶商为发展全国经济、沟通物资交流，促进中外人民友谊做出了贡献。

张家口是中国商人塞外贸易的货物集散地与贸易中枢，南北货汇集于此，再经各条商路分流到塞外各处。茶商将茶叶或卖出，或改变包装、运输工具继续北运至恰克图。

关键词：张家口 指挥部 路线

一、张家口地理位置优越

张家口地理位置险要，不仅是兵家必争之地，也是内地与蒙俄贸易的码头和商品集散地，随着清康熙年间全国政治、经济和军事力量的日臻强大，经过康熙帝的运筹帷幄，亲征噶尔丹，统一了新疆、西藏、青海和漠南、漠北，安定了边疆，打通了蒙古地区至俄国的贸易通道，张家口的对外贸易便兴盛

张家口大好河山

起来。在张家口经商的山西茶商，不仅占有东西苏（尼特）、库伦（乌兰巴托）等地贸易市场，而且最远达毛斯格洼（莫斯科）、伊尔库茨克、喀山等地。

从16世纪中叶起，物资丰富的张家口吸引着蒙古和俄国商人，他们千方百计打入张家口贸易市场，而在张家口经营茶叶的山西商人也想方设法与蒙古、俄国商人经商。康熙二十八年（1689），在

彼得大帝

张家口的山西茶商与蒙俄商人打开了贸易通道。为了扩大中俄贸易交流，康熙五十八年（1719）俄国彼得大帝命使臣叶马罗到中国商讨扩大通商办法。雍正五年（1727）俄国沙皇加德麟遣使来中国，要求通商。清政府于同年八月与俄国协商通商事宜。中国派蒙古郡王策凌、内务大臣四格侍郎与俄国使臣图理琛在恰克图（中俄边界）签订了《恰克图条约》，双方规定“恰克图为两国通商之地”。此后，这里变成了中俄两国商品交易市场。恰克图市场分为中、俄两国两个贸易圈，俄国市场称恰克图，中国市场称买卖城。据后来一位清朝官员王先谦在一份奏疏中说：“从前，张家口有西帮（指山西商人）茶商百余家与俄商在恰克图易货。”

当时，在张家口经商的山西商人主要以经营茶叶为主。清乾隆末年在张家口大境门外对俄国茶叶贸易商号有50余家。山西介休县张原村人茶商范永斗开设“大川玉”茶店，在福建购有茶山500亩、茶场7座，成为晋商之首。茶商将茶叶由福建走水路运到汉口，加工后装车转运到张家口。张家口“大川玉”茶店有600余人细加工茶叶，然后包装，用牛车、骆驼运到蒙古库伦和俄国恰克图贸易市场。据《山西外贸志》上说，从同治八年（1869），山西商人向恰克图运送茶叶颇多，是年汉口关册中记载：“山西商人，由陆路运往恰克图的茶叶，估计有功夫茶48000箱，还有红绿茶计98500筐，即62760担。”两项合计约11万担。到同治十年（1871），山西商人的输出能力已达202184担。

当时，山西人在张家口经营茶叶的商号有四大茶庄：长裕川、长盛川、大玉川、大昌川，这“两大”、“两长”是山西祁县人的商号，所以称“祁县帮”。而其中的“大玉川”是清廷御贴备案的商家，持有“双龙红帖”，这红帖就是通行蒙古草原的通行证。俄蒙商人看到红帖后，就放心大胆地同他们进行贸易，“空口无凭，红帖为证”。当年清政府还赐给“大玉川”一块双龙石碑，上刻着这家茶庄在旅蒙、

长裕川茶庄

旅俄中的贸易活动，赞扬了山西商人们的功绩。大川玉茶店掌柜是介休县人范永斗后裔，清政府为了表彰范氏的经商活动，曾赐黄马褂、御食和牌匾等物。

清代有本书叫《茶市杂咏》，里面有段对茶商的记述："清初茶叶均由西客经营，由江西转河南运销关外。西客者，山西商人也。每家资本约二三十万至百万。货物往还，络绎不绝。首春客至，由行东至河口欢迎，到地将款及所购茶单点交行东，恣所为不问。茶事毕始结账别去。"据今 90 岁老人段存山说，当年福建武夷山茶区，有山西商人开办的茶山 30 多座，茶山由当地人代为经营管理，每年茶叶收购齐后，才由茶店派人到福建茶山、茶场将茶叶通过水路运到汉口，然后经陆路运到张家口，经加工后分等级运往蒙俄贸易市场。

当年因交通工具原始，送运茶叶全靠牛车拉，牛、马驮。送茶叶的牛车以上百或数百结队，一辆辆首尾相衔，长可里计。车辚辚，马萧萧，蔚为壮观。

由张家口到俄国恰克图行程约 2150 千米，其中有 400 多千米是茫茫戈壁滩，常常是"绵绵斯道，几不逢人，自米盐薪水，无不咸备。百里不逢井，数日不见人为常事"。据《蒙古鉴》记载说："由张家口向西北逾阴山达沙漠，经察哈尔之察罕巴尔、哈孙固尔、梅章乌苏等地可到达恰克图和买卖城，山西茶商运茶多取此道。"在买卖城经商的山西人，他们资金雄厚。如山西太谷曹氏有资金 100 余万两白银。乾隆四十二年（1777），山西茶商在买卖城市场的贸易总额为白银 600 多万两。据《茶市杂咏》一书记载，清初在买卖城贸易市场投资办商业的山西人有 50 余家，每家资本有二三十万至百万两白银。其贸易额年年增加，只茶叶一项输出在雍正五年（1727）为 25000 箱。茶叶在道光年间（1821—1850）增加到 66000 箱。到 1850 年，茶叶占全部输出额的 75%。据史料记载，乾隆十五年

（1750）由张家口运输到俄国的茶叶，其中砖茶7000普特（1普特为16.38千克），白毫6000普特。到嘉庆十五年（1810），以上两项增加6倍。山西茶商在输出茶叶上，最多一年达到2500万箱（每箱约30千克）。道光十七年至十九年（1837—1839）每年输出俄国的茶叶量平均为8071880俄磅。其中大砖茶71950块，小砖茶60430块，还有红绿茶43070箱，其中花茶8000箱，家茶4000箱。茶商从蒙古商人那里换回皮毛、鹿茸、羚羊角、麝香、药材、蘑菇、水晶等贵重物品；从俄国商人那里换回来的有哈达（薄呢）、羽纱、毛毡、银制品和其他贵重物品。

山西旅俄蒙茶商从清初至民国八年（1919）是生意发展极盛时期，当时贸易额每年可达一亿五千万两白银，张家口的商业资本完全由山西人支配。但到民国九年（1920）以后，山西商人的生意逐渐衰落，到民国十三年（1924），山西在张家口的商人商业资本已毫无发展希望。民国十八年（1929）中国在

境外晋商商号

蒙古国的商业完全被蒙古国没收。总计商务损失在一亿两以上，从此与蒙俄商业活动中断，山西旅蒙商业一落千丈。在张家口原有山西人开办的35家茶店，有19家倒闭。其他商号从最盛时期的7000家，猛减到只有百余家。兴盛多年，素称“茶叶之路”的张（家口）库（伦）道路名存实亡。

二、山西茶商对外贸易的指挥部

清政府对赴恰克图贸易的华商实行严格管制。凡进入恰克图贸易的商人必须持有理藩部颁发的“信票”（也称“部票”、“龙票”、“票证”），无票不准入市，咸丰以前，只有张家口衙门具有颁票权，每年以旧换新。常家对俄茶贸的老庄大德玉就设在张家口，张家口是常家对外贸易的总指挥部。

张家口是中国商人塞外贸易的货物集散地与贸易中枢，南北货汇集于此，再经各条商路分流到塞外各处。山西茶商将茶叶或卖出或改变包装、运输工具，继续北运至恰克图。除茶商外，还有大量的毛皮商、粮布商聚集到张家口进行贸易往来，也汇于张家口再分贩北京及南方各省。

大德玉

1. 张家口通向俄罗斯的贸易状况及路线

（1）恰克图贸易中张家口的枢纽作用

张家口是清代塞北地区最重要的商业城市，是汉蒙贸易、中俄贸易的重要枢纽城市。该城地处直隶北部长城沿线，明代属万全都司，清雍正年间置张家口直隶厅。隆庆年间张家口被定为与蒙古互市之地，清代该城与蒙古各部的贸易得到进一步发展。康熙中叶张家口开始成为中俄贸易的重要口岸，乾隆年间清政府停止俄国官方商队入京贸易，将中俄贸易统归于恰克图一地，张家口——库伦商道成为恰克图贸易的主要商道。

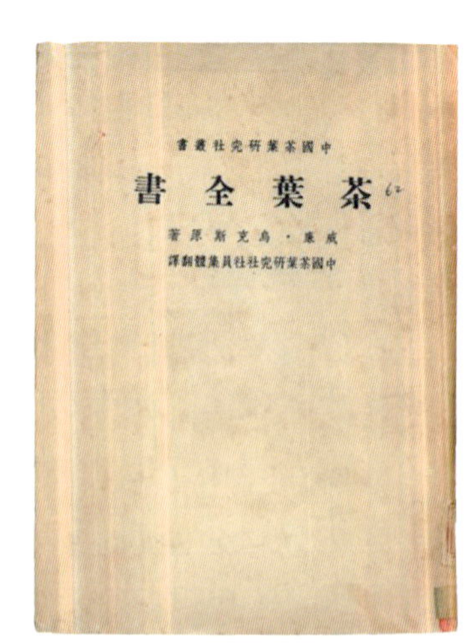

《茶叶全书》

《茶叶全书》中记载："中国从陆路运出大部分之茶叶，其目的地为俄国、蒙古及西藏，其中有一小部分则运往暹罗与缅甸。以前运往俄国之茶叶均经由汉口、天津、张家口、恰克图之路线。茶叶从汉口运往天津，则由海运。抵天津后，转装帆船，溯白河而至通州，从通州改用驼运至张家口及恰克图；有时驼队亦自天津起运。俄国商店在天津设有办事处及堆栈，关税即在该处征收，同时发给驼运通行证。有时大宗茶叶在未西运以前，集中于张家口。有许多本地小茶商自恰克图赶至张家口收买茶叶，在汉口并未开设分店或办事处，即在现今，仍有少数中国茶商从蒙古赶至张家口，购买天津客商运来之每箱六十斤装之福建红茶。张家口亦为一砖茶与茶叶市场，此项茶叶系从平绥铁路运来，其目的地则为蒙古之库伦。"

可见在这条商路上张家口的重要作用，在其以北，"有车帮、马帮、驼帮；夏秋两季运输以马和牛车为主，每匹马可驮 80 千克，牛车载 250 千克，由张家口至库伦马队需行 40 天以上，牛车需行 60 天。冬春两季由骆驼运输，每驼可驮 200 千克，一般行 35 天可达库伦，然后渡依鲁河，抵达恰克图。骆驼或车皆结队而行，每十五驼为一队，集十队为一房，每房计驼一百五十头，马二十匹，有二十人赶骆驼，在清朝乾隆、嘉庆、道光年间，茶叶贸易繁盛，茶叶之路上驼队经常是累百达千，首尾难望，驼铃之声数里可闻"。张家口成为北方茶叶贸易集散中心，某茶商家有运茶之车百辆，茶市以张家口为枢纽，货物辐辏，商贾云集，秋春之间，运茶骆驼以千数，一驼负四箱，运至恰克图，箱费银三两。

而垄断张家口贸易的大多是山西商人，清初为内务府采买皮货的张家口八大商家，也都是山西人："八家商人者，皆山右人，明末时以贸易来张家口。……自本朝龙兴辽左，遣人来口市易，皆此八家主之。定鼎后，承召入都，宴便殿，蒙赐上方服馔。自是每年办进皮张，交内务府广储司。"充当内务府采买，不但利润甚丰，更重要的是确立一种官商的地位，这使他们与其他商帮竞争时具有政治优势，在一定程度上，也具有垄断优势。有史料记载："所有恰克图贸易商民，皆晋省人，由张家口贩运烟茶、缎布、杂货，前往易换各色皮张、毡片等物，初时（商民）俗尚俭朴，故多获利。""张家口为上谷要地……凡内地之牛马驼羊，多取给于此。贾多山右，率出口，以茶布兑换而归，又有直往恰克图地方交易者。"

随着茶叶出口量的增加，在恰克图茶叶贸易的繁荣期，仅张家口一地就

沙漠中行进的驼队

有山西客商百余家。茶叶运到张家口后专门有一批匠人进行加工、制造、包装，然后装在骆驼或牛、马车上运往恰克图。为此，张家口一带出现了一批运输专业户，有的大户一家就有骆驼400~500峰。

（2）商人经张家口的路线

据察哈尔都统记载："由口赴恰道路，除军台外，商贾之路有三，分东、西、中：东路自乌兰坝入察哈尔正蓝旗界，经内札萨克西林郭勒盟之阿巴噶王、阿巴哈那尔贝子等旗游牧，入外萨克车臣汗部落之贝勒等旗游牧，达于库伦，由库伦方达恰克图，此东一路也。西路自土默特旗翁棍坝、河洛坝，经四子部落沙拉木楞、图什业图汗旗，至三音诺彦旗分为两路，其一西达雅素台科布多，其一东达库伦，由库伦达恰克图，此西一路也。中路由大镜门外西沟之僧济图坝，经大红沟、黑白城子镶黄旗牛群大马群，镶黄旗羊群各游牧，入右翼苏尼特王旗，经图什业图汗旗车臣汗部落之贝勒、阿海公等旗游牧，渡克鲁伦河达库伦，方达恰克图，此中一路也。"

输俄茶叶应是走中路，不但因为其路程最短，而且是张家口至库伦的传统商路。自张家口至恰克图2150余千米，多穿戈壁沙漠和蒙古高原，气候恶劣，地广人稀，是整条陆上茶叶之路最为艰难的路程。到达恰克图以后，主要与俄商交换皮毛，"彼以皮来，我以茶往"。这种陆路运来的茶叶"因陆路

驮运货物准备起程的骆驼和老少赶驼人

所历风霜，故其茶味反佳，非如海船经过南洋暑热，致茶味亦减”。俄国商队从莫斯科出发，先往东北雅罗斯拉夫尔（Yaroslaol），再向西经乌斯提乌格（Ustyug）、菲尔克提乌尔（Verkhoture）、土里雷乌克（Turiwk）及托博尔斯克（Tobolsk），再从伊尔提斯（Irtysh）河边的塔拉（Tara）到叶尼塞，再从陆路沿贝尔加湖南岸到色楞格河（Shilkhta River），最后到达恰克图。整个行程约17600千米。

商队通常有200~300峰骆驼，每峰驮4箱茶叶共约200千克（有资料显示该数据为2400磅，笔者以为有误），每日行程约40千米，从恰克图到莫斯科约需16个月。相比从张家口到恰克图需穿越戈壁沙漠和高原，从莫斯科到恰克图商路则主要利用平原地带的水陆运输网络，虽路途遥远但地势平坦，故其艰难程度反不及从张家口到恰克图的路程。

2. 在张家口主要的商业活动

茶叶，是张家口输往库伦和恰克图的最大宗商品，也是晋商经营的主要商品。据档案记载，张家口税收“向以南茶并恰克图皮毛等货为出入两大宗，至货之盈绌又以茶为定衡。原口外交易向系以货换货，而南茶一项恰克图实倚为生计，欲换皮毛等货非茶不能开兑。是以本口茶商每年皆于春季赴南省置办，及冬季办回到口纳税后，即运赴口外换货，换回之时进口纳税”。

清末，“张库通商日繁一日，每年进出口约合口平银一万二千万两。出口货物为生烟、砖茶、鞍韂、皮靴、河南绸、铜铁、杂货之类，入口货物则系外八旗大中小自生口蘑、皮张、驼牛羊毛、鹿茸、黄芪之类”。

皮毛是张家口从俄国和蒙区输入的大宗商品。光绪年间的记载称，“俄

出口俄罗斯的中国茶叶

国出口的全部毛皮制品都是先运到张家口买卖城的货栈，然后批发给下堡，最后再运到中国本土”。在张家口税关刊布的税则中，各种皮毛也是从蒙区输入的主要商品。张家口的皮毛业分为细皮、粗皮、生皮、皮革皮靴等行。生皮行，经销各种粗细生皮，转卖于洋商及本市制皮各商号；细皮行专制狐皮、灰鼠、羔皮以及獭皮、貂皮等高档皮货；粗皮行专制老羊皮以及山羊皮褥。

张家口为山西茶商根据地，但是1851年中俄签订《中俄伊犁塔尔巴哈台通商章程》后，晋商中分出西商专门购安徽建德朱兰茶，从西北出口俄国，此项千两朱兰茶，专有茶商由建德贩至河南十字店，由十字店发至山西祁县、忻州，由忻州而至归化，转贩与向走西疆之商，运至乌鲁木齐、塔尔巴哈台等处售卖，而不走张家口—恰克图一线。光绪六年（1880）十月祭酒王先谦奏折中曾提道:“从前张家口有西帮茶商百余家，与俄商在恰克图易货，及俄商自运后，华商歇业，仅存20余家。”“俄商自运”，指的是1862年签订《中俄陆路通商章程》，俄商自己可以到内地购茶，山西商人失去对俄华茶主要供应商的地位。到19世纪下半叶，晋商逐渐失去了竞争优势，至此曾经辉煌数百年的张库大道开始蒙上厚厚的尘埃。

三、张家口到库伦的周折

上述乃张家口以内货物运输的大概情形。此段路程遥远，山重水复，需经水路辗转，跋山涉水，颇费时日，约经数月至半年。若逢不顺，有经年不得达者。

然张家口至恰克图，路途虽说平坦，唯地广人稀，朔漠大荒，戈壁流沙，旅途漫漫。夏日酷暑，头顶烈日，足履灼沙，数日不见一水源，如煎如炙。冬季，塞外高原，朔风呼啸，极度寒冷。有寒暑表以后，一官吏记下冬季严寒时的确切气温为 -36℃，并记载人畜冻毙之情说："本期京信，迟到五日，询知邮差，在途次第冻毙……沿途驼马，冻僵者亦不少。"足见气候恶劣之状。春秋二季，时遇风沙骤至，天地晦暝，填路埋人，间或遇"骑匪"出没，杀人掠物。死于天灾人祸者，时有所闻，黄沙白骨，令人触目惊心。旅途险恶，如履薄冰。

从张家口出发，至前沿基地库伦，路程约为 1250 千米。《蒙事随笔》记述清代张家口至库伦交通说：

> 张家口至库伦有道五：自东而计之，曰大东道，即戍台之台站道，亦名曰官路，有传舍有戍卒，水草随宜；次曰东大道，谚为老挂儿道，老挂儿者，牛车也；中曰中道，即公主道，乃皇家送嫁公主之道，虽无

清代张家口城北通往塞外的一座山口

清代晋商商路示意图

守卒，水草难恃，惟其道直而最捷；西曰西道，即买卖道，亦曰商路；再西曰大西道，乃最后新辟之道。此为官商分途之梗概也。各道名为草地，实多童秃，故行役者使人先侦水草。然水草非时雨润则无萌蘖，非水草便则无行役。

《蒙古鉴》则记载说：

由张家口向西北逾阴山达沙漠，经察哈尔之察罕巴尔、哈孙固尔、木塔勒哈、梅章乌苏，库呼得列苏、沙巴尔台、哈沙图、苏治阿善呼都克、哲格淖尔、扎朋呼都克、明安博罗里治市、梅音呼都克、伊林霍罗斯呼图、勒乌苏图、古里克、音格尔海兰苏图、市布克、乌兰哈达格于、格音哈顺等地。又涉沙漠，经车臣汗部之乌得格合井察哈图、古里克、塔列赤穆木伦、三音呼图、勒库图、勒布色音车路、沙喇沙尔、石别图、别罗呼济尔、博穆博图、穆克图、吉里特根台、车鲁台井等地。又逾汗山，经土谢图汗部之合党察呼都克、那拉哈二地而达库伦东南之买卖城。……茶商运货多取此道。

降至清末,输出货物多取道绥远北上,路线有所变更。其路有三:一为东路,由大同、丰镇、集宁、滂江(明安)、博务、叨林达库伦;二为中路,由大同、右玉、绥远、武川、百灵庙、哈什、布连不啦、吉恩泽、中关忽以、昔啦忽洞、毛乌素、干站、小坝子抵库伦;三为西路,由绥远、武川、百灵庙、喀尔喀右旗、赛尔乌苏、巴彦和硕、托里木、佛多尔多过土拉河抵库伦。

此段运输,夏秋二季(6 月至 11 月)以马和牛车为主。马可驮 80 千克左右,牛车可载 250 千克左右。由张家口至对俄出口的前沿基地库伦,马队需行 40 日以上,牛车较迟缓,约 60 日。冬春二季(11 月至来年 5 月),由骆驼运输。骆驼素称沙漠之舟,时速可达 5 千米,可驮 200 千克,日可行 40 千米以上。一般有 35 日左右即可达库伦。此外,还有一种由骆驼拖拉的驼车。

在交易繁盛的时候,有数万峰(辆)的骆驼和牛马车投入运输。在广袤的塞外运输线上,驼、车各结队而行。骆驼在塞外的组织为队、房。每十五峰骆驼编为一队,每队有赶驼人二,赶驼人骑马,集十队为一房。每房计驼一百五十峰,马二十余匹,有赶驼人二十余。驼行常数房相随,致队列之驼,累百达千,迤逦行进,首尾难以相望。那驼铃交奏之声,飘荡旷野,数里可闻。牛、马、车辆,也以上百或数百结队,一辆辆首尾相衔,长可里计。车辚辚,马萧萧,蔚为壮观。

《蒙事随笔》对当时漠北车、驼运输情形,曾作如下具体记述:

行役者,非驼车马车,即驼车犊车,惟犊车价最廉,较马车可省三分之二。其行最滞,亦不及马车之半。驼行最捷,且可包程,日夜换驼而走,价较常驼倍。常驼之价等于马,较便于马。盖马非草长不行,驼非毛长不行。驼毛落草适长,故马驼不常同行。马行情草,必备刍豆。驼行则食枯荚,不足饲以盐,日四两。马日必兼食刍豆二三升,且不及驼之耐饥,因其能倒

晋商驼队在打尖

晋商驼帮途中行进

仓回食，及反其胃而复食也。犊车最小，深四尺许，广半之。驼年深可五尺，广亦半之。马车有二：一曰夹杆车，制同驼车；一曰蓬马车，载物而不能载人，式如方盘，覆之以蓬，以御风寒，俗名哑巴车。犊车则一犊驾乘，驼则二，马则三也，是役也。乘马车，车之制，上柳干为架，覆席蒙毡，前后洞然，风雨直入。夜为露侵，铁被重衾，猬缩冷卧；日则骄阳炎酷，咄咄逼人。两人蠖屈于其中，睡既不能伸足，坐又时为打头，虽携布幄，仅作餐飧之用。限于兼程，宿车为卧行计。而绵绵斯道，几不逢人。自米盐薪水，无不咸备。百里逢井，数日不见人为常事。水味则苦碱而外，腥且臭，浊且涩，犹宝如玉液。长途举火，马矢代薪，炊灶作食，或带水适断，马矢难得，则并日而食。蒙地鲜有里计，以台为则，通称六十里为一台，实无定台。台非屋，亦毡庐，谚称蒙古包。……五月中旬以后，至中元日，无风不异赤道。若艮地狂飙，披裘不及，则闪、冷如隆冬云。

第三节 商路坎坷的艰辛

“哥哥你走西口，小妹妹我实在难留……”这是大家耳熟能详的民歌——“走西口”，歌中的西口就是杀虎口。它位于山西、内蒙古交界处的右玉县，实际上是长城上的一道关隘。杀虎口自古就是兵家必争之地，现在还留有雄伟壮观的古长城、鳞次栉比的烽火台、苍凉古朴的古战场等景点，最重要的是这里边塞的气质一直未变。杀虎口，雁北外长城最重要的关隘之一。这里是晋北山地与内蒙古高原的边缘地区，也是从内蒙古草原南下山西中部盆地或转下太行山所必经的地段，距右玉老城仅十多千米。

关键词：西口　内茶商　外茶商

一、走“西口”——杀虎口

清康熙年间，晋商从山西省右玉县的平集堡出发，经杀虎堡边关，牵着数百峰骆驼，或赶着数以百计的牛拉板车，驮载着茶货物资，越过杀虎口，

杀虎口平集堡

走西口赴塞外的大漠南北蒙古草原，从事蒙古贸易。他们出杀虎堡后，先进入塞外的土默川平原归化城，然后越过阴山北麓，分为两路：一条是向西北穿越乌兰布和、巴丹吉林大沙漠，经居延西折，进入河西走廊，经敦煌出玉门关，走向新疆北部和乌里雅苏台、科布多等地；另一条路是越过阴山北麓向北行，穿越大漠瀚海，进入漠北地区的大库伦（今乌兰巴托）和恰克图，或再西折走向乌里雅苏台、科布多。当时人们把这条赴蒙古高原经商所走的道路，称茶马古道（又称草原丝绸之路）。

从杀虎口进出的商旅驮队、马帮络绎不绝。向北行走的多为骆驼队，固定商道有三条。东路是杀虎口——凉城——集宁——滂江——博务——叨林——库伦——恰克图；中路是杀虎口——宁远厅——石匣沟——归化城——百灵庙——哈什——布连不啦——吉恩泽——中关忽以——昔啦忽洞——毛乌素——干站——小坝子——库伦——恰克图；西路是沿康熙西征督运粮草的路线行走，而后折向科布多，即杀虎口——盛乐——归化城——包头——五原——西古城——肃州——迪化——成

杀虎口古长城

化——塔尔巴哈——科布多——乌里雅苏台——库伦。

向南行的多为骡、马驮队，商道主要有五条。东路是杀虎口——朔平府城——云阳——云冈——大同——阳高——天镇——怀安——宣化府——沙城——怀来——居庸关——昌平——京都德胜门——天津——塘沽；岭前班子驮队走的路线是杀虎口——朔平府城——云阳——吴家窑——岱岳——朔县——宁武——静乐——太原——祁县——晋东南各地；西路是杀虎口——朔平府城——威远——平鲁——朔县——神池——五寨——保德州——黄河两岸地区；岭后班子驮队多是崞阳帮、忻州帮行走的路线，即杀虎口——朔平府城——云阳——吴家窑——岱岳——古城（山阴县）——雁门关——代州——崞阳——忻州——太原府；东南路线是杀虎口——朔平府城——云阳——吴家窑——应州——浑源——广灵——河北蔚县等冀西北地区。

不论南来北往的哪一路驮队、马帮，都始终沿着河道或水草丰盛的地方行走，便于牲畜沿途饮水、吃草。各商旅驮队、马帮，都要想方设法揽到双程买卖。这些驮队、马帮常年行走在商旅栈道上，生活单调枯燥，风餐露宿，

今日杀虎口

甚是艰辛，还要预防强盗半路打劫，所以既辛苦又危险。

商旅古道中的杀虎口，在一队队、一帮帮的驼铃声中，靠这些走南闯北的商旅汉子，踏出了它的富庶和繁荣，踏出了一条横跨欧亚大陆，贯通边关内外的经商之路。

二、库伦到恰克图的坎坷

由库伦至恰克图对俄贸易市场，约350千米，一般行半月。这段路程陡坡较多，辗转绕行，还要渡伊鲁河，往往因河水上涨，不仅延误行程，且车漂物没、冲走人畜之事也不断发生。曾有一俄人绘声绘色地记下了渡伊鲁河的情景说："伊鲁河不大，夏天时可以徒步过河，但是现在是春天，河水大涨，河面宽有80~100米。……用一只大的不灵便的浮运船代替渡船渡河——但是，上帝保佑，这是什么样的一只船啊！在浮运船的船侧放着一块压不坏的厚木板，作为马车和马的垫板；两支好歹削平的桨在船两侧，第三支同样的桨在

当年库伦的一座茶场及货垛

河边行进的驼队

充当船舵，构成了移动和驾驶的工具。但由于桨不够可靠，便用杆子来补充它的作用。这只陈旧的船上的赤膊的‘水手们’，使用这些杆子相当灵活地驾驶着。浮运船漏水漏得很厉害，因此有一个水手一直在往外倒水。……马车沿着从船侧搭到岸上的两条小木板推入船上，这两条小木板相隔的距离正好适应于马车的轮子。经常在这时轮子从木船上脱落了，马车侧倒了，于是响起了可怕的响声，叫喊声、骂声，这一切一直要继续到马车被拉到船上，并最后用了全部精力，把它放到垫板上为止。……装船完毕（一次最多能运载一辆大车和三匹马）……然后跳回船里，使出全部力量努力向对岸划去。这时划手常对付不了急流，浮运船被冲回到了原来开船的河岸上，于是极度的喧嚷声、叫骂声、喊声重新响了起来，一切从头再来。”

接着又记述说 :“行路人常牺牲整整几个星期，徒然地等待着河水落下去。例如，我们在距恰克图不远的地方，曾遇到一个从库伦将中国商品运往恰克图买卖城去的牛驮运队，驮运队在路上（约325 千米）只由于在渡河上耽搁了，花费了整整一个月，而通常只需走十五天。经常在涉水渡过河水大涨的河流时，运载的货物被水浸湿，大车翻倒，货物沉没到河里，牲畜被水冲走，并造成人的死亡。”

在渡过伊鲁河之后，就接近目的地恰克图市场了。就这样，在经过经年累月的艰难行程，旅途万里，才算完成了对俄贸易商品输送过程。清代数百年，山西对俄贸易商帮，年以数十万担计的货物交易，就是如此输送而至的。

山西对俄贸易商帮，一般有自己强大的运输组织。拥有数量可观的驼、马、牛车，以保证货物运输的需要。《清稗类钞》记载说:“山西行商有车帮。晋中行商运货来往关外诸地，虑有盗，往行结为车帮，此即如泰西之商队也。每帮多者百余辆，其车略似大古鲁车（达呼利之车名），一车约可载重五百斤，驾一牛，一御者可御十余车。日入而驾，夜半而止，白昼牧牛，必求有水之地而露宿焉，以此无定程，日率以行三四十里为常。每帮车必挈犬数头，行则系之车中，止宿则列车为两行，成椭圆形，以为营卫。御者聚帐篷中。镖师数人，更番巡逻，人寝，则以犬代之，谓之卫犬。某商铺所畜之犬尤猛，能以鼻嗅，得宵人踪迹，遂以破获。”

一般较为殷实的商号，驼马之数可达数百至上千头。清初、中期几乎完全凭借山西对俄出口商帮自己的运输能力。后期则辅以雇用蒙古地区蒙古族人组织的运输队伍。但由于这种雇用的输送队伍的不经心，时常损坏包装，散失货物。又由于没有保险制度，对于各种原因造成的损失并不负责，往往给商人带来一定损失。所以尽管在后期，仍有不少商号备有相当数量的驼马及牛车。

三、内茶商与外茶商

内茶商，可以说是纯茶商，主要特点是经营茶叶的收购、加工制作和运销。销售对象以东西两口的外茶商为主，卖出茶货，收回银两，不与蒙民和俄商从事物物交换。祁县乔家堡乔氏开设的大德兴茶庄就属于这一类。大德兴开创于何时不清楚，当山西票号兴起后，它已开始兼营存放汇业务。光绪十年（1884），大德兴改名大德通，依然是经营茶货和借贷业务的“茶票生理，本属一号”的经济组织。

外茶商是不纯粹的茶商，长途贩运以茶叶为主，去蒙古地区、新疆以及恰克图与少数民族和俄国商人贸易。因为清初蒙古地区不流通货币，以及与俄商贸易都是以物易物，所以，外茶商的经营方式是卖出茶叶，买回牲畜、皮张等商品运回内地销售，换回银两，再买茶叶，然后去卖茶叶，买牲畜、皮张等，如此反复循环的不纯粹茶商。外茶商一般以张家口、归化城为大本营，采用分号制，将其庄号分设库伦、恰克图、乌里雅苏台、科布多、古城、巴里坤、乌鲁木齐、伊犁、塔尔巴哈台等城镇。他们贩运茶叶，不论到蒙古地区、新疆还是去恰克图，均要去理藩院（理藩院，官署名，是专管蒙古地区、新疆、西藏少数民族事务的衙门，在未设总理事务衙门之前，兼管对沙皇俄国的事务）设在张家口和归化城的办事衙门请领部票，凭票贩茶前往。前期，部票一张，交规银50两，贩茶300箱。后期，一票曾贩茶600箱。此即外、内茶商之别。内茶商贩茶，并不领官票。雍正三年（1725），发生诬陷山西商人存储于陕州和平陆等处的茶叶为私贩，纯属敲诈勒索。山西榆次车辋村常氏开设的属于红茶帮

汉蒙人员交易市场

常家在张家口的铺号旧址

的大升玉、大泉玉、独慎玉茶庄就属于外茶商一类。这三家茶庄，总庄设在张家口，除分庄设在恰克图外，独慎玉还去俄国莫斯科等处贸易。华商在恰克图与俄商的贸易是以货易货的贸易，在俄商提供不出货物的情况下，华商也采取赊销的方式与俄商贸易。延期付款（货）期间，俄商周年8厘付息。结果，光绪二十六年（1900），恰克图五家俄商倒闭。由赊销而形成亏欠华商十七家货款791440卢布，按每卢布折合白银7钱8分5厘计，折合白银621077两。其中，大升玉、大泉玉、独慎玉三家被亏欠416028卢布，占欠款的52.58%。这说明他们是与俄商贸易的大商。

外茶商有两个大本营，一是张家口，一是归化城。设在张家口的字号，多去库伦、恰克图以及俄罗斯各地贸易。设在归化城的字号，多去乌里雅苏台、科布多和新疆各城贸易。如果就去恰克图与俄商贸易来说，长时期是设在张家口的字号。归化城字号去恰克图贸易，虽早有规定，光绪帝又一次减免关税。如光绪七年“议准，归化城商人贩茶至恰克图，假道俄边，前赴西洋诸国通商，请领部票，比照张家口减半，令交银二十五两，每票不得过一万二千斤之数”（《清朝续文献通考》卷四十二），以对归化城商人优惠，张家口交银50两，归化城只交25两。但归化城去恰克图贸易的商人还是很少见到。

张家口是明隆庆五年（1571）设立马市后，允许汉蒙交易新兴起的商业市场。马市设立后招来国内各地的商人，经过七十多年的经营，至明末清初，它已是主要由山西商人操纵或控制的市场。清代，随着蒙古地区的统一，张家口成为通往蒙古东半部贸易的要冲。顺治十八年（1661）六月，张家口设关征税，年税额定为一万两（《清圣祖实录》卷三），商货出张家口纳税后，蒙古地区不再纳税。优惠的税收政策，诱发着山西商人赴蒙古地区贸易的拼搏精神，从而也使张家口市场日益兴盛，从商者也越来越多。“商业半为客籍人所经营，尤以山西及蔚县人为多，本地人商业势力甚微”（陈坦修:《宣化乡土志·实业》）。蔚县明代称蔚州，属山西大同府，清代改为蔚县，划归直隶宣化府。可以说，张家口的蔚县商人，实际上是明末山西商人的延续。

买卖城是山西商人兴建的。买卖城附近有苦另山（即库伦山），林木茂盛，取木建屋较易。出恰克图，俄罗斯皆坦途，且有池塘溪巷，大小舟船，络绎其间，是中俄间天然的交通孔道。“贸易商民建立木城，起盖房屋，费力无多，颇为坚固。”（何秋涛:《朔方备乘》）买卖城，南北向有三条街，长皆不到一里，中曰中巷子，东曰东巷子，西曰西巷子；东西向有一条街，约半里，曰横街。各街建有商屋及庙宇。中巷子亦曰正街，直接俄国驿路，来往车辆、牲畜终日不断。驻在买卖城与俄商交易的一般都是大字号。可大字号商民生活所需及喂养牲畜的饲草，也需要小的商贩货摊供给。这样一来，随处屠宰牲畜，脏水倾注，柴草杂乱，既不卫生，又碍观瞻。于是在光绪三年（1877）进行了一次大整顿，一面将原设清街公所所收各商清街费砖茶两箱裁去，一面晓谕各商各出一人或一车，与驻兵共同清理垃圾。“刻已修理净尽，并谕令各户悬设路灯，以新眼界。”“拟在恰万寿宫亭迤东，仿照库伦办法，设立市场一处，摆设货摊，一切贩卖柴草、牲畜者附设其内；并拟于东栅处，设立屠牲场一处”（清民政部档，库伦掌印大臣三等，光绪三年七月十三日呈文），街市面貌大为改观。

在恰克图与俄商贸易的商民，可以说完全是山西商人的字号。尽管光绪七年（1881）议准归化城商人可以去恰克图与俄商贸易，但在恰克图的山西商人字号，自始至终，基本是由张家口分遣的。因此，有人得出这样的结论："所有恰克图贸易商民，皆晋省人。由张家口贩运烟、茶、缎、布、杂货，前往易换各色皮张、毡片等物。"（何秋涛：《朔方备乘》）这一结论，屡有传抄，原意未变。如民国年间成都出版的王景岐编的《中国通商史》这样写道："其内地商民，至恰克图贸易者，强半皆山西人，由张家口贩运烟、

买卖城主街

集团或商号	内部商号
大盛魁	
长裕川	
“复”字号	复盛公、复盛西、复盛全等
“玉”字号	大德玉、大升玉、大泉玉、大美玉、独慎玉、大昌玉、三德玉、保和玉、慎德玉、大通玉、大顺玉、泰和玉等
“德”字号	大德昌、大德川、大德美、大德成、大德瑞、大德忆、大德懋、大德正、大德旺、大德平等
“锦”字号	锦丰厚、锦生润、锦丰焕、锦泉涌、锦泉兴、锦泉和、锦泰亨等

晋商著名商号及商业集团

茶、缎、布、杂货，前往易换各色皮张、毡片，恰克图遂为漠北繁富之区。”

清末民初，恰克图各街较大商号为：横街有福源德、天和兴二家；中巷子有大升玉、恒隆光、锦泰亨、久成兴四家；东巷子有独慎玉、永玉亭、天庆隆、祥发永四家；西巷子有公和盛、璧光发、永公发、大泉玉四家。(《外蒙古见闻记略》）这十四家较大的商号，也都是设在张家口的山西商人字号。大升玉、大泉玉、独慎玉三家，它们是榆次县车辋村常氏开设的茶庄，全部设在张家口。恒隆光是榆次史家开设的。锦泰亨是太谷县曹氏开设的，并且在库伦和俄国的伊尔库茨克、莫斯科设庄。祥发永是汾阳县王庭荣开设的。璧光发也是汾阳商人开设的。仅所知的这七家，即占十四家的一半。

张家口距恰克图，以直线计算，路程少则也在 1500 千米以上。这条商路，按《蒙古鉴》记载，由张家口向西北逾阴山达沙漠，经察哈尔之察罕巴尔、伊林（今二连浩特）、车臣汗部，逾汗山，经土谢图汗部之合克察呼都克而达库伦，再至买卖城。这条商路，从地理位置看，基本是当今经二连浩特的中蒙、蒙俄铁路干线。

第四章

中俄贸易　茶商兴衰

山西商人自明代兴起以来，逐渐形成了称雄一世的商帮。盐商的称雄，是明代开中制的结果；到了清代，茶商是山西商人中又一支劲旅，它经营地区广，活跃时间长，从事行业多，经过几代人的艰苦经营，积累了大量财富，为晋商实现汇通天下奠定了基础。晋商茶帮的商业活动经过平祁太总部到达张家口、归化、恰克图，实现了从武夷山到恰克图的南北通衢。晋商茶帮及时地把握住了边疆民众生活需求的信息，在长长的边界线上与蒙古、俄罗斯商人进行物物交换，这种边界贸易使双方人民的生活状况均得到了改善，同时有利于边疆稳定。在中国集权社会相对闭关锁国的情况下，中俄恰克图贸易是中国商界一道亮丽的风景线。

进入 19 世纪后，恰克图的茶叶贸易继续增长，迅速超过棉布和丝绸，牢固地占据了第一位，茶叶成了任何商品无法比拟的硬头货，并在以后的岁月中尽领风骚。1820 年，俄国西伯利亚总督斯彼兰斯基直言不讳地说："丝织品已经结束了，棉布也差不多要结束了，剩下的是茶叶、茶叶，还是茶叶。"各种茶叶在恰克图都能找到畅销的渠道，其中以砖茶最为主要。

19 世纪下半叶后，中俄恰克图贸易开始走向衰落。中方的贸易额骤减，此后的三十年间一直呈下降趋势。中俄恰克图贸易变化直接反映了其贸易状况的好坏，同时也侧面揭示了中俄两国国力的变化，随着中国国家主权丧失、政治社会环境恶化，恰克图贸易只利于俄方的利益。最终，辉煌了数百年的恰克图边境市场没落了。

第一节　清代恰克图贸易的变迁

中俄双方边境民众之间的贸易开始得较早，但是大规模的商业往来却是在恰克图城建成，中俄正式签订了贸易往来条约之后。随着贸易进程的加深，中俄政府之间的关系不断地发生着变化。总之，恰克图贸易的坎坷发展影响着中俄双方的政治、经济关系。

恰克图贸易兴起之后经历了三次闭关的坎坷发展，1792 年中俄《恰克图市约》签订之后才逐渐走向了繁荣发展的道路。对恰克图市场的管理，也体现着中俄政府的不同需求，体现着政府在效率与公平之间的选择。

关键词：政治背景　历史变迁　管理

一、《恰克图条约》签订的历史背景

中俄两国贸易关系源远流长。早在 17 世纪《尼布楚条约》签订之前，中俄两国就已经建立了相当频繁的正式交往和经常性的贸易联系，后者主要在黑龙江流域以及贝加尔地区。许多俄国人在那里大量收购中国货物，并将这

中俄签订《尼布楚条约》的蜡像实景

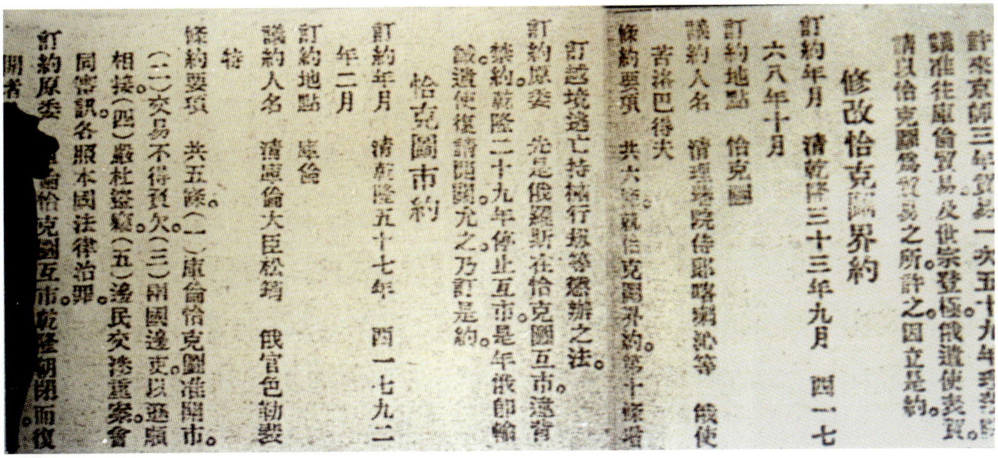
許來京師三年貿易一次五十九年[illegible]
議准往庫倫貿易及世宗登極。俄遣使表賀。
請以恰克圖爲貿易之所。許之。因立是約。

修改恰克圖界約

訂約年月　清乾隆三十三年九月　西一七六八年十月
訂約地點　恰克圖
議約人名　清理藩院侍郎略瑚訥等　俄使吉洛巴得夫
條約要項　共六條。就恰克圖界約。第十條舊
訂越境逃亡持械行劫等懲辦之法。
訂約原委　先是俄羅斯在恰克圖互市。違背禁約。乾隆二十九年停止互市。是年俄卽輸誠遣使復請開關。允之。乃訂是約。

恰克圖市約

訂約年月　清乾隆五十七年　西一七九二年二月
訂約地點　庫倫
議約人名　清庫倫大臣松筠　俄官色勒裴特
條約要項　共五條。(一)庫倫恰克圖准開市。(二)交易不得賒欠。(三)兩國邊吏以通商相接。(四)嚴杜盜竊。(五)邊民交涉要案。會同審訊。各照本國法律治罪。
訂約原委　[illegible]論恰克圖互市。乾隆朝閉而復開者

修改恰克图界约

些货物运往西伯利亚，再运往俄罗斯的欧洲部分，但是这种贸易关系是边境的、地方的民间贸易关系，与政府的联系较为疏远，并没有得到国家官方的认可。1689 年，中俄双方签订了中俄《尼布楚条约》，对维护远东地区的和平与秩序起到了良好的促进作用。如《尼布楚条约》第五条规定 ：“两国今既永修和好，嗣后两国人民和持有准许往来路票者，应准其在两国境内往来贸易。”这是中俄双方第一次以国家的名义正式承认边境贸易是合法的，为中俄交界东部地区边境贸易创造了友好气氛，为双方互利贸易的发展奠定了基础。据统计，《中俄尼布楚条约》签订之后运往中国的俄国货物量有了很大的增长。1690—1691 年运往俄罗斯的中国货物总价值为 14473 卢布，1691—1692 年已达 23951 卢布，1693—1694 年则达 50686 卢布。

但是《尼布楚条约》签订后，俄国并没有完全恪守双方条约的规定，继续侵略蚕食着中国蒙古地区。清政府曾多次建议沙俄举行中俄中段边界谈判，均遭拒绝，被迫于 1722 年 4 月宣布中断两国贸易。雍正五年（1727）七月十五日，中俄签订了《布连斯奇条约》，同年九月七日（俄历 10 月 21 日，公历 11 月 2 日），双方又签订了《恰克图条约》，汉文称为中俄《喀尔喀会议通商定约》，共十一款。主要内容包括边界、贸易、宗教、越境人犯处理等四个方面。其中，贸易方面规定除两国通商外，两国边境地区之零星贸易，应于尼布楚、色楞格两处，选择妥地，建盖房屋，以准自愿前往贸易者贸易。

二、中俄政府交涉及对恰克图的管理

恰克图市场的兴起对中俄两国经济和社会发展均起到了积极的作用，毫无疑问，自由贸易的状态下双方获利将是最大的，会达到最大程度的双赢。但是这种自由贸易只在原始简单的市场或经济学家的假设中存在，中俄政府作为理性经济人，都从自身角度出发，结合当时本国经济发展水平，制定有利于其效益最大化的政策，对恰克图贸易市场进行了不同程度的干预。

中俄双方政府的不同需求决定着政策制定的方向。对于恰克图贸易，二者进行边境贸易的目的不同。中国政府的实质需求是维持北方边境的稳定安宁，保护国土安全和国家主权完整，所以是以“安抚藩属”的心态来对待边境贸易，至于贸易利润并不是其关心的重点；而俄国传统的外交重点一直是在欧洲，与中国进行友好外交的政策是为了亚洲领土部分稳定，在中俄边境贸易中，更注重的是恰克图贸易能为其带来的巨额经济利益，有利于国内经济的发展，为军事扩张提供动力。因此，在恰克图贸易兴起之时，俄罗斯将精力更多地放在赚取巨额经济利润上。

因此，中国政府在对待与俄国的恰克图贸易时，为了保持中俄边境安定，便不顾中国商人的利益一次次采取闭关措施；而中国商人，即晋商们很清楚清政府的“外交”思想，积极地与政府联合，赚取了超额的商业利润。

俄国商人一般结成商队，向西伯利亚事务衙门申领执照，然后，带着从彼得堡和莫斯科买进的俄国商品，以及从西伯利亚定期集市收购的毛皮，经由水路转运到伊尔库茨克，再往恰克图。在恰克图市场上除了成群结队而来的

中俄恰克图贸易总额及年平均额
1757—1800年
Chinese-Russian Trade Volume 1757-1800 and its Annual Average

时间（年）	5年进出口总额（卢布）	年平均进出口额（卢布）
1757~1761	566 5227	113 3045
1769~1773	1125 7086	225 1417
1780~1784	3041 6744	608 3348
1796~1800	3116 8404	623 3681

中俄恰克图贸易总额及年平均额

买卖城街头

俄国商人外，也不时出现身穿制服的政府管理贸易官员、海关职员和武装哥萨克。

清政府出于对边界安全的考虑，对当时在恰克图从事商业活动的商人们控制颇严。乾嘉之际，随着恰克图互市的日益繁盛，清政府逐步强化对买卖城商务的经营和管理。其主要措施有三：

一是设官督办。雍正五年（1727），买卖城始设贸易监视官一人，两年一次更代。乾隆十二年（1747）改为三年一次更代。乾隆二十七年（1762），又增设库伦办事大臣二人，总理对俄交涉，三年更换。乾隆四十九年（1784），又谕，“恰克图事务甚属紧要，所有恰克图部员，亦著驻扎库伦大臣管理”。在中俄陆路贸易中，北京互市规定俄国商队每四年才能来北京通商一次，每次人数不得超过二百，在北京停留至多八十天，不许超过。恰克图互市之后，则规定中俄双方各设市圈，俄方设在恰克图，中国则设在买卖城。俄国商人购买中国货物须赴中国市圈，反之，中国商人亦须赴俄国市圈，各不相混。

商人前往贸易，必须由正道行走，不得绕道或往他处贸易。清政府理藩院并设监视官，对边界贸易进行监督。这样，一套完整的监督恰克图互市的官僚系统已告完成，中国政府官员作为监督者在恰克图履行着政府的职责。

二是完备的“照票制度”。边关互市的“照票制度”源出自康熙末季，恰克图开市后，清政府沿用此制，除一应章程均照旧例办理外，又于乾隆四十五年增设卡伦换照一项，规定内地商民至卡伦时，查验部给执照，与其车辆驼只等数目相符，另给执照。俟到恰克图时，再行查验。如无卡伦所给执照，则不准入市。嘉庆四年（1799），又进一步规定，“发放商人照票时，应将该商姓名及货物数目、所住地方、启程日期，另缮清单，粘贴部票，用印给发。无照贸易者，即属私商，查出则枷号两个月，期满笞四十，逐回原省，将货物一半入官”。即使是有照之商，控制也很严格。凡票商，“定限一年催回，不准借索欠为名，潜留各部落，娶妻立产，不准取蒙古名字”。

此后，照票制度历经道、咸、同、光等朝，基本上遵行乾嘉朝的旧例。

库伦俄国领事馆前的驼队

照票随着山西、河北等地的商人来到草原与蒙古人做生意，贸易的范围、地域也日渐广阔。“无票者即属私商，查出将照例治罪。商集分设八行，选所谓殷实者为行首，与众商估定货价，共同遵守。各商按到集先后，依次交易。”外国商人不得和内地中国商人进行任何联系。在中俄陆路贸易中，俄国商队虽然进入北京，但来华之前必须持有俄廷执照，入境以后，沿途有专设的贸易监视官进行护送监视，不但俄国商队不能随意与中国商人贸易，而且伴送商队的官兵均不得与中国商人贸易，控制极为严格。外国商人不得和中国商人发生资金上的借贷关系。在中俄贸易中，中国商人和俄国商人之间，在 18 世纪初就曾因债务问题发生纠纷。为了制止这种事件的再度发生，1716 年清廷下令把欠债的中国商人加以拘禁，并不许两国商人彼此赊卖。1737 年复重申禁令。1792 年签订的《恰克图市约》中再次规定中俄商人彼此货物交易后，“即时归结，勿令负欠，致起争端”。

另外，清政府为了防止“盗匪”流入蒙地，对农民、蒙古喇嘛等也实行了照票制度，与其相比，对商人实行的程度较为严格，是贯穿清政府外交始末的。但是根据《关税成案辑要》的记载，乾隆年间全国榷关税额显示，该关与张家口、古北口、潘桃口以及山海关等榷关的税课占全国总税额的 5%。这说明清政府对赴恰克图从事贸易的商人征收的关税只占其经营额的很小部分。从政府的角度看，实行照票制度，

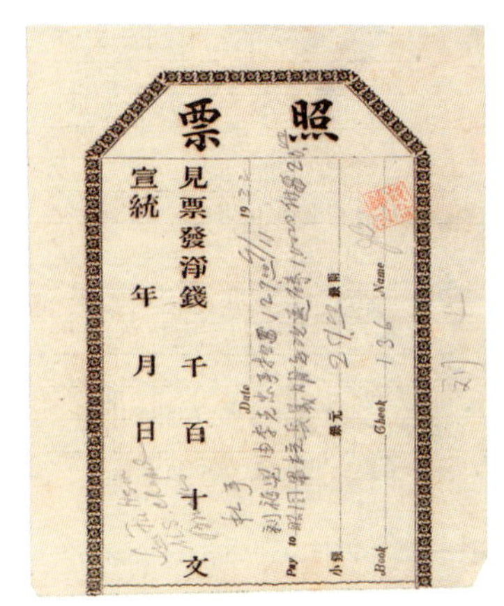
照票
見票發淯錢 千 百 十 文
宣統 年 月 日

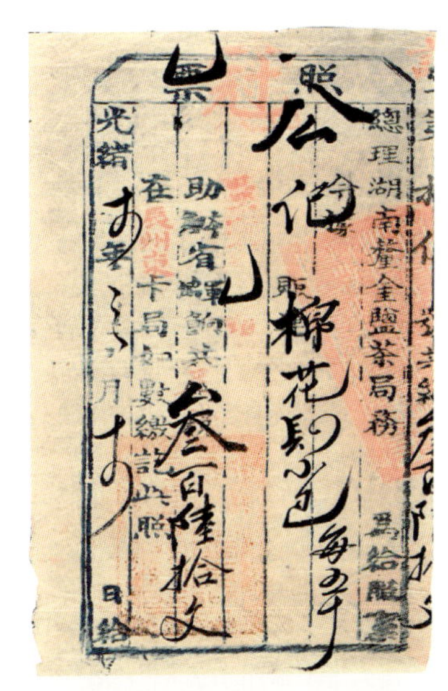

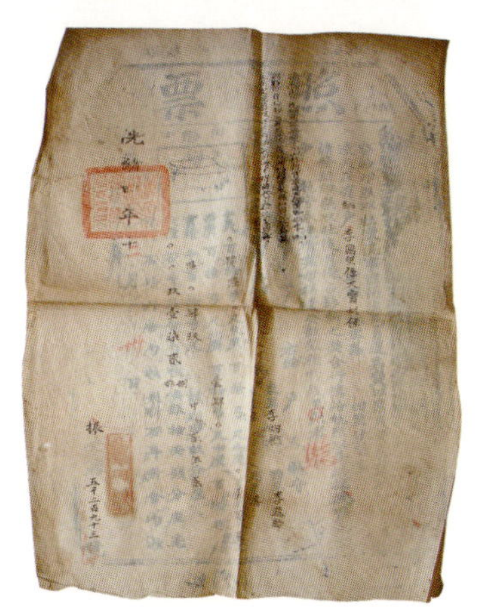

清朝照票

是为满足其对边境稳定的需求。

三是详定“买卖规矩”。乾隆年间，清政府鉴于中俄商人常因赊欠引起债务纠纷，曾规定商人到市均以现银现货交易。不久，又只令以货易货。乾隆三十三年（1768），清政府罢市四年后，复行开关。鉴于从前俄罗斯渐欲增税，买卖城司官瑚图灵阿遵旨详定“买卖规矩”：将城内所有货物按帛细、布匹、绒线、细茶、粗茶、草烟、糖果、瓷器等八类分行，选良善殷实者为行头，与众商会同估定货价。“倘相隔数日后，贩取某项货物者增多，俄人不多加价，此项货物即应随时减价；反之则加价。陆续前来之商人，均应照此定价，并按其到集先后，依次交易。对俄罗斯货物如何折价及随时加价减价等情，行头亦应照此与各商人共商，一体购买。”

三、茶叶之路通往恰克图

茶路通往俄罗斯，其中一条重要通商渠道，是中俄边境要塞恰克图。雍正年间的1727年，中俄双方签订了著名的《恰克图条约》，将恰克图一分为二，旧城划归俄罗斯，新城归中国。清政府在恰克图另建新市街，名为“买卖城”。

恰克图贸易开辟后，中俄两国展开物资大交流，在这里展开了中俄之间大规模的商品贸易。俄国输入的商品主要有皮毛、呢绒、毛毡、羽纱、金银制品、玻璃制品等。蒙古草原盛产的马、羊、驼等牲畜和麝香、鹿茸、羚羊角等贵重药材，在商路开通后，也源源不绝地被晋商组织进内地。而出口俄国和销往蒙古草原的货物就多了。江浙的缎、鲁山的绸、直隶的土布、曲沃的烟、山西的铜铁器、景德镇的瓷器、京津的杂货以及蒙古人用的蒙靴、小桶、水碗和米、面、盐、糖等日常生活用品，应有尽有，但其中当家的商品还是茶叶。双方以货易货，照我国外交官何秋涛在《朔方备乘》的记载中形象地说，恰克图贸易“彼以皮来，我以茶往”。指的就是皮货和茶叶的对换。

在清政府的直接支持下，万里茶路自此由山西商人一手拓开。此茶路载来滚滚财富，使晋商成为当时中国商帮中最显赫的商人集团。在这条中俄贸易的主要通路上，恰克图是地位突显的黄金驿站，其茶叶贸易占总贸易量九

恰克图俄方一侧

成以上。在贸易时，交易双方直接见面，不用中介，也不用翻译，进行易货贸易，并且中俄互不抽税，商人做的是免税生意，利润相当丰厚。当时，恰克图年贸易量占俄国外贸额的60%，占中国外贸总额的16%，此茶路可谓是“黄金通道”，有力地促进了中俄之间的经济和文化交往。

19世纪的商人注意到他们从恰克图到买卖城时所经历的巨大反差。他们刚刚还在俄国的一个小村庄，过一会儿就到大清帝国之中。黑黝黝的蒙古车手赶着笨重的两轮牛车，牛车上载着一箱箱的茶叶。买卖城狭窄的、未铺砖石的道路两旁是没有窗户的平房，土墙是草泥垒起的，屋檐向上翘起，以避开墙角的邪气。进入石头城的大门口是寺庙的塔楼。装（驮）载着茶叶的骆驼从窄窄的街道穿过，走进一个个院子，然后卸下茶叶箱子。

从库伦到俄罗斯方向去的商人们穿过边界简朴的木门之后，也同样会经历这样的剧烈反差。“在俄国一边，我们穿过一扇门就到了恰克图，头顶是俄国建筑上随处可见的俄罗斯鹰徽。到处都是白色和黑色的柱子，据说那是悲惨的老学究保罗·彼得洛维奇的最爱；优雅的红色或绿色屋顶的白房子，有着高高尖顶的雄伟壮观的教堂，宽阔却行人稀少的街道，这些是越过边界之

恰克图当年的茶叶交易市场

门后得到的第一个实际印象。毫无疑问，我们现在确实是在沙皇的土地上。”贸易及双方共同的利益把这两个截然不同的世界联结在一起。另外一个重要因素是有一群能够适应这种文化差别的人。恰克图幸运地拥有许多出类拔萃的商业和外交人才。19 世纪晚期恰克图初建时的支持者卢茨尼科夫就是这样的一位。

除利润丰厚的茶叶贸易之外，卢茨尼科夫还拥有金矿和磨坊，另外他还赞助了许多像普尔热瓦尔斯基和奥布杰夫那样伟大的俄罗斯探险家和科学家。今天，从复活教堂前行两分钟就可以看到他的豪华住宅。这座不同寻常的庄园的墙壁有几英尺厚，能够抵挡恶劣天气以及炮火攻击。这个庄园分几次建成，走廊铺设着五六英尺长的石头，从一个房间通到另一个房间。二层有一个大房间可以用来开舞会，落地窗直通到顶，可以向南看到野外草原的风景。

卢茨尼科夫幸运地在茶叶之路的最后阶段大赚了一笔。尽管纺织品贸易转向海路，茶叶贸易却一直延续到 19 世纪末期。咸丰元年（1851），官方的统计表明，900 多万磅的茶业在恰克图成交，还有 450 多万磅的茶砖。光绪七年（1881），乔治·凯南仍然报道说："几乎所有俄国消费的名茶都是由骆驼商队从中国北部经过蒙古带来的……这些茶叶从恰克图进入俄国，然后被重新包装，用毛皮包好，用线缝好，穿越西伯利亚大约 4000 英里的路程，最后到达圣彼得堡、莫斯科，或者下诺夫哥罗德一年一度的贸易博览会。"这里的数字表明，恰克图进口的中国茶叶中有很大部分是茶砖，主要是供应非欧洲的俄罗斯人。凯南这样描述道："茶砖是用一种便宜的茶叶制作的，其中混有小枝梗，还有一点微黏的胶，压成的茶砖大约 8 英寸长、5 英寸宽、1.5 英寸厚。茶砖的样子很像一种极黑的烟草。"洪德六年（1860）后，海路贸易的兴起，造成恰克图贸易量减小，茶砖就变成陆路贸易的主体。"洪德六年之前"，另一个名叫诺克斯的人写道，"在恰克图交易的茶叶大约是每年 100 万箱，不包括茶砖。蒙古和华北的茶砖是由枝梗和大的叶子掺上羊血或

草原风光

牛血制成的，压成砖的样子。在中国的某些地方，茶砖是当地人重要的流通货币……从 1860 年起，从恰克图流转的高级茶叶的数量减少了，但茶砖没有消失，据有些官员说数量反而增加了”。

然而，最好的茶仍然经由恰克图进入俄国。这些茶被称为家族茶，是由中国南方福建省一些世世代代以茶为生的家族生产的。家族的名称也就是茶叶质量的保证。直到 20 世纪，每一个恰克图的茶叶商人都必须对茶叶的品牌和产地了如指掌。供给游牧部落的大块茶砖只是生意的一部分，供给莫斯科和圣彼得堡的更为精致的茶叶则是生意的另一部分。由于这种精细加工的专业技术，更由于轻度烘焙的茶叶更适于陆路运输，经由茶叶之路运到俄罗斯欧洲部分的茶叶被认为比经由海路成批运输的重度烘焙的茶叶质量要好得多。

然而，世界经济局势在不断变化。英国逐渐成为世界纺织品出口的龙头老大，其规模超过所有的陆路纺织品贸易。英国的成功在于四个方面：其一，英国发明了用于纺织品制造的苯胺染料；其二，它们拥有大型的海轮；其三，洪德六年后，他们可以在中国沿海的一些开放口岸自由贸易；其四，英国的殖民地印度为英国提供大量的棉花原料。此外，中国被迫以茶叶来换取鸦片，这对英国也十分有利。

英国人和中国人的贸易始于 17 世纪末叶。到 18 世纪中叶，英国商人对于一些地方官员的蛮横作风十分恼火，于是他们上书清廷，要求和政府直接进行贸易。清廷于乾隆二十五年（1760）在广州设置 9 家“公行”来满足英国商人的要求。“行”就是行业，至今，这个汉字有时仍放在中国公司的名字后面，表示“联合”的意思。这种体系授权一些中国商人直接和西方人做生意，

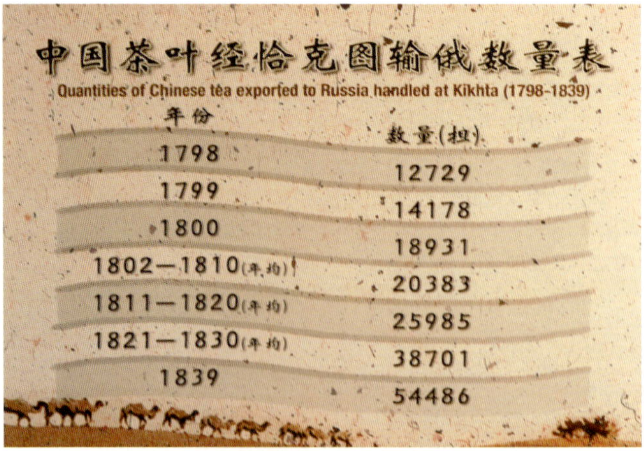

中国茶叶经恰克图输俄数量表

Quantities of Chinese tea exported to Russia handled at Kikhta (1798-1839)

年份	数量(担)
1798	12729
1799	14178
1800	18931
1802—1810(年均)	20383
1811—1820(年均)	25985
1821—1830(年均)	38701
1839	54486

中国茶叶经恰克图输俄数量表

西方人的贸易则必须通过他们的这些中方代理人进行。这些中国人和西方人的贸易公司都必须设在广州。

1800 年的英国东印度公司总部大楼

英国东印度公司的鸦片储藏库

茶叶是大众消费品，又不会在运往欧洲的途中变坏，所以公行系统的商家们都想做茶叶生意。茶叶的咖啡因和丹宁酸很快征服了整个英国，还有那时刚刚独立的美国以及其他英国殖民地的国民们。直到道光十四年（1834），英国东印度公司一直垄断着茶叶生意。东印度公司很快发现，他们的进口额是出口额的三倍。其中的贸易差额是用白银来支付的，而白银价值很高且越来越难弄到。当时英国的殖民地银矿开始变得难以驾驭，白银不再像从前那样唾手可得。随着茶叶贸易的繁荣，东印度公司濒临破产。英国商人迫切地想找到一种能卖给中国的商品，最后他们找到了鸦片。

17 世纪时，中国人就开始把鸦片和烟草混起来吸食。鸦片是中国本来就有的，并不是舶来品，17 世纪和布哈拉商人的贸易可以作见证。中国政府第一个禁止种植和买卖鸦片的规定是在雍正七年（1729）发布的，那是在中国进口鸦片之前。英国东印度公司发现鸦片实在是一个好买卖，便于 18 世纪 80

年代开始用鸦片来代替向中国公行系统的付款。中国从嘉庆五年（1800）开始禁止进口鸦片。在 1840 年的鸦片战争之前，英国商人走私大约 443000 箱鸦片到中国，赚到约 23000 万两白银。由于不能直接在中国出售鸦片，英国商人就把鸦片批发给中国的地方商人，后者把违禁品装在他们自己的快艇上，运到广东附近的走私仓库。19 世纪初期，英国的鸦片出口成倍地迅速增长。

英国人找到两种贸易成功之道，一是用枪炮，一是用毒品。贸易走私的收入超过税收。走私鸦片和中国本土的鸦片种植相竞争，对走私鸦片的没收实际上是一种变相的关税。19 世纪 80 年代长江上蒸汽轮的应用有利于运输云南和四川出产的物品，同时大大促进中国内陆的罂粟种植。茶文化之弓——青藏高原从云南到四川的边缘地带——从生产茶叶改成种植罂粟。这个茶文化之弓一直延伸到蒙古的西部地区：在今蒙古国最西边的一个省巴彦乌列盖省，至今仍有一个山谷叫作鸦片谷。

乾隆二十八年（1763），英国东印度公司在印度垄断鸦片种植和出口，成为世界上最大的鸦片走私商，而从中国鸦片贸易得到的利润成为这个以印度为据点的英国公司稳定财政收入的重要保证。另一方面，这也使得中国的白银储备枯竭。恰克图贸易中的银烛台换茶叶从另一个方面证实当时中国迫切

鸦片战争博物馆

需要白银这一事实。为保护本土产业、阻止白银的流失，也为改变国人吸食鸦片成瘾的现状，中国最终决定与英国对抗。道光十九年（1839），英国议会拨经费资助了一个由16艘战船、4000名士兵和540门大炮组成的远征队，鸦片战争爆发。

中国在鸦片战争中失利，导致洪德四年至六年（1858—1860）一系列条约的签订。这些条约逼迫中国开放门户，继而严重影响到茶叶之路的贸易量。越来越多的茶叶经好望角运到伦敦。同治五年（1866），9艘船几乎同时从中国沿海的福州港出发。令人同样感叹的是，90天之后，其中的3艘船同时通过泰晤士河口。在那时，为从中国经过好望角到达英国运送茶叶而特别设计的快船风光无比。船越快越容易拿到运输的生意，同治五年左右，这样的竞争相当激烈。

东印度公司的垄断于道光十四年（1834）结束，英国商人立刻开始一场争夺市场的激战。英国人赢得鸦片战争，他们的茶叶生意不再受任何限制。“中国快船”（又被称作“茶叶快船”）满帆进港时是一道壮观的风景。不过这种盛况只是暂时的，同治八年（1869），苏伊士运河开通，从好望角绕道而行就成了历史。苏伊士运河的开通以及蒸汽发动机技术使得应用蒸汽发动机的运

茶叶快船

输公司之间开始一轮新的竞争。到光绪年时，由于转道苏伊士运河，中国到伦敦的航程从 99 天缩短到 29 天。同治五年速度最快的三艘“中国快船”都是在格里诺克的造船厂由苏格兰人制造的。苏格兰人还在印度的阿萨姆邦参与种植茶叶，后来，阿萨姆邦的茶叶生产在数量上超过中国。苏格兰人的帆船以及苏格兰人在阿萨姆邦的茶叶种植使得俄罗斯的茶叶商人纷纷破产。一些在汉口开办工厂的商人也放弃经由恰克图的陆路，开始走海路来运输茶叶。

恰克图作为商业重镇的日子屈指可数，可是在 19 世纪末，它在政治上的重要地位才刚刚开始。恰克图一开始是布尔什维克的政治力量的中心，接着成为苏俄边界管理的军事中心。买卖城却不复存在。民国七年（1918），仍有大约 4000 名中国人居住在那里。20 世纪 20 年代，城市毁于大火。虽然有一个叫“金色泉水”的蒙古小镇——阿勒坦布拉克——坐落在买卖城旧址的南边一点，但那里如今却找不出半点茶叶之路和买卖城的痕迹。

第二节　恰克图市场上晋商的兴衰

晋商在恰克图市场的衰落与当时国际国内的形势是分不开的，但是只从贸易的角度考虑，晋商在恰克图中断了贸易活动，是由于其经营的成本大于收益，换言之，是边际成本大于边际收益。嘉庆朝时晋商恰克图茶叶贸易的利润率是 55.68%，而成本利润率则为 125.64%，可见在其经营较为繁荣时利润之丰厚，这时边际收益是远远大于边际成本的，晋商进行长途贩运茶叶是绝对有利可图的。但是，在 19 世纪末期，西方列强和俄国商人可以直接进入中国收茶，而且外来者的加工工具更加发达、运输是走水路、清政府的政策更有利，种种因素所致，晋商与其比较成本相对增加了，在国际市场上逐渐处于劣势地位，收益的增加已经抵不过高昂的成本了。

关键词：垄断　经营成本　兴衰

一、晋商垄断恰克图贸易

在恰克图边境贸易中，最为活跃的商旅非晋商莫属。晋商兴起于明“开中制”之后的盐业贸易，在清朝统一之后，成长为沟通中原腹地和蒙古地区商贸的“旅蒙商”。在清代中叶，晋商在称雄国内市场和垄断满蒙边贸的同时，大力开拓海外市场，积极参与中俄恰克图贸易，实现了走向国际化的目标。

康熙二十八年（1689）中俄《尼布楚条约》签订之后，中俄关系进入了长达一个半世纪的相对和平贸易时期。1727 年中俄《恰克图条约》和 1792 年《恰克图市约》签订后，恰克图逐步成为中俄贸易中心，双边交易额迅速增长。

“开中制”和山西商人

乾隆元年（1736）清廷规定中俄贸易仅限于恰克图一口，中国商人到关外贸易，必须领取“部票”。而内定赴恰克图贸易的商人大多为山西人。“所有恰克图贸易商民，皆晋省人，由张家口贩运烟、茶、缎、布、杂货，前往易换各色皮张、毡片等物。初时，（商民）俗尚俭朴，故多获利”，“山西商人在恰克图享有与俄国人贸易的专权”。

山西商人的足迹不仅限于恰克图，新疆、满蒙各地的贸易也几乎由他们垄断。乾隆二十八年（1763），山西商人在买卖城的商户已有一百四十多家，有四百多常住人口，其中资本较雄厚者六十余家，称为票商；另有散商（又称朋商）八十余家依附于票商。这样，在恰克图经营的晋商几乎垄断了全部贸易。众多的商号中，涌现出几大家，首推曹氏，次为常氏，还有乔氏、牛氏等。在恰克图从事对俄贸易的众多山西商号中，经营时间最长、规模最大者，首推榆次车辋常家。

晋商远销俄国的大宗商品有茶叶、棉花棉布、丝绸、家具及日用品等，其中以茶叶出口为主。19 世纪 40 年代，茶叶出口已占首位，到 1851 年茶叶已占全部出口的 93%；从俄国进口的商品主要有毛皮、毛呢哔叽、金属和牲口等。中国对来自俄国的进口货实行免税，因此许多晋商出境赴俄采购，然后远销国内。专门经营恰克图贸易的是山西驼帮，其经销商品以茶叶为大宗，故又称山西“茶帮”。

清代山西茶商每年要深入四川、两湖、浙赣、福建等著名产茶省份办茶。其最盛时有 100 多家专营商号，并分为“榆次帮”、“太谷帮”和“祁县帮”等。“清初茶叶，均系西客经营，由江西转河南，远销关外。”

买卖城里的三位商人

1838年晋商恰克图经营茶叶情况统计

Tea trading of *Jin Shang* merchants in the city of Kikhta sitting astride the border of China and Russia

商号	经销茶叶（箱）			
	花茶	粗茶	茶砖	合计
王宗乔等	1836	862	---	2698
达兴友	1250	564	314	2128
尤庆源	1220	400	466	2086
宋义成	1242	400	200	1842
达泉友	716	350	250	1316
郭发成	1420	520	200	2140

1838 年晋商恰克图经营茶叶情况统计

随着恰克图贸易的迅速发展，山西商人又开始经营钱庄和账局，来适应商品交换发展的需要。可以说，时刻把握清政府的政策动向使晋商垄断了恰克图贸易，造就了晋商在近代外贸史的地位，使晋商进一步发展壮大，在一定程度上超过了徽商，成为显赫一时的国际贸易商。

二、晋商在恰克图市场的没落

晋商在恰克图市场的没落从宏观方面考虑有以下几个因素。

最主要的是第二次鸦片战争之后，中国被迫签订了一系列不平等条约，国家主权受到了威胁，国运整体下滑，晋商同样不可避免衰落的命运。如果说明清时期内地与蒙古、中国与俄国的边境贸易发展，促进了山西商人的兴盛，那么在清代末年民国初年，北方边境国际形势的变化，对山西商人的衰落同样起了不可忽视的影响。

其次，清代末年随着俄国侵略势力的深入，俄商逐步取得在中国北方地区的商业特权，相对晋商处于优势地位。咸丰十年（1860）签订中俄《北京条约》后，俄国取得在蒙古边境通商并在边境交界地区免税贸易的权利。同治元年

（1862）签订的《中俄陆路通商章程》，又进一步规定俄国商人在天津口岸可以享受比各国低 1/3 税率的优惠。同治五年（1866），俄国又取得在天津海关免征茶叶半税的特权。这样，俄国商人货物得以用较低价格倾销，从中国进口砖茶等商品，亦可直接以较低价格在汉口等产地进行收购。咸丰十一年（1861），俄商才在库伦建立第一个商行，当年俄国对蒙古贸易额不到 22 万卢布，但到光绪二十六年（1900），已剧增到 1700 万卢布，贸易额增加了近 80 倍。山西商人在这种不利形势下，经营状况日益萎缩。

再次，从 20 世纪初年起，中国北方边境的贸易交通路线发生巨大变化。这一变化主要是近代铁路及海运交通的兴起带来的。1903 年，由赤塔经满洲里、哈尔滨到海参崴的中东铁路通车；1908 年，由北京到张家口的京张铁路通车。这些铁路的通车，使俄国对华贸易的重心，由蒙古高原转移到中国东北地区，中东铁路通车当年，货运量即达 33 万吨，约为中俄通过恰克图市场贸易货运量的 50 倍。铁路较廉的运价和较高的运输效率，对商品流向产生巨大吸引力，如原来由湖北汉口通过山西大同和张家口北运俄国的砖茶，转由天津用海轮运到大连，再经中东铁路运至西伯利亚。因为俄国商人利用中

买卖城中俄边界

国国内通商口岸开放的特权和近代交通发展的便利，深入中国内地直接贸易，恰克图、库伦、张家口等传统边境商贸中心趋于衰落，山西商人作为对俄国和蒙古地区贸易商的中介作用也逐渐丧失了。近代铁路和海运交通的发展与帝国主义侵略，使中国内陆地区商品流向沿江或沿海的通商口岸，然后向国外出口，进口商品则沿相反的流向进入内地。在这个历史性的转折中，山西商人丧失了传统的商道和市场，又未能在开辟新商路的竞争中获胜，应是其衰落的重要原因。

从买卖城回国的最后一位山西商人

最后，中俄、中蒙之间的政治经济联系出现中断。俄国十月革命的爆发与蒙古独立，使中国的北方边境形势骤然改观。这种情形沉重地打击了一大批以在蒙古和俄罗斯经商为主的山西商号，他们在国外的资产被没收，损失重大，有的丧失传统市场，生意大幅度下降。这样引起连锁反应，导致一批山西商号破产倒闭。当时仅山西榆次常氏开设的大德玉商号及其联号大升玉、大泉玉、独慎玉等，在莫斯科等地损失的资产即达41.6万卢布，折合白银30万两。又如曲沃烟丝的外销，在俄国十月革命以及蒙古独立后，不能再向蒙古、俄国输出，加上俄钞失去汇兑条件，使曲沃东谦亨等大批烟坊倒闭，烟叶种植面积缩小，烟草产量也随之下降，曲沃烟业开始衰落。

山西最大的对俄蒙贸易商行大盛魁的衰落，也主要是因为在蒙古独立后，蒙俄订立库伦通商

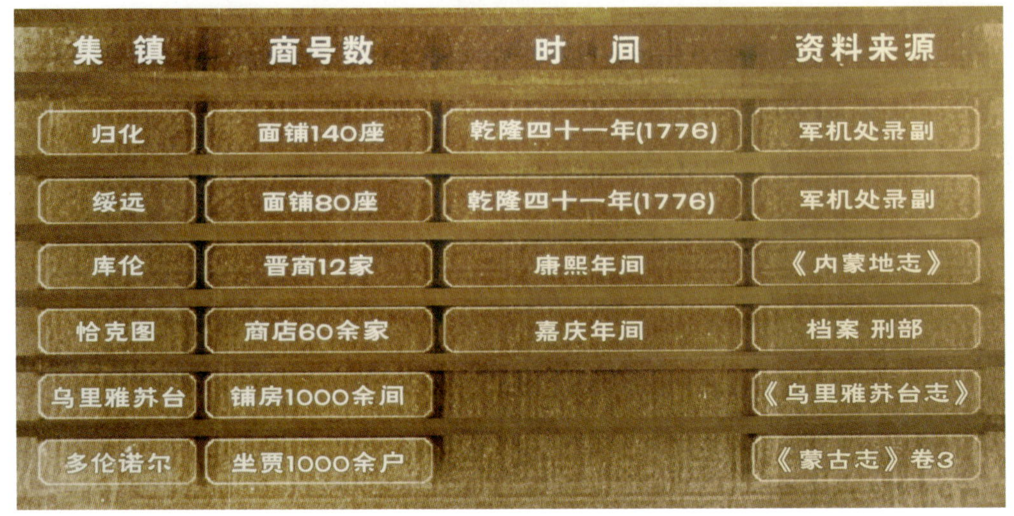

集镇	商号数	时间	资料来源
归化	面铺140座	乾隆四十一年(1776)	军机处录副
绥远	面铺80座	乾隆四十一年(1776)	军机处录副
库伦	晋商12家	康熙年间	《内蒙地志》
恰克图	商店60余家	嘉庆年间	档案 刑部
乌里雅苏台	铺房1000余间		《乌里雅苏台志》
多伦诺尔	坐贾1000余户		《蒙古志》卷3

清代内外蒙古重要城镇晋商统计

协定，俄国取得了在蒙古免税贸易的特权，大盛魁无法与俄国商人竞争，并且蒙古还没收中国商人在蒙资产，至此，大盛魁一再受到打击，负债累累，终于最后破产。 而太谷曹氏商人家族的衰微，主要缘于其下属的锦泰亨、彩霞蔚商号，在 20 世纪 20 年代因对蒙俄贸易停顿而倒闭，仅锦泰亨在对俄贸易中积累的大量旧俄钞票——羌帖，因俄国十月革命后被废弃而遭受的损失，即相当于白银 24 万两之多。

所以，从 16 世纪到 20 世纪初叶的四百余年间，中国内地与蒙古地区以及中国与俄国政治经济关系的变迁，既是山西商人兴起的重要因素之一，也是导致山西商人最终衰落的一个不可忽视的原因。另外，晋商衰落的经济因素在上文已经作出分析，政治与战争的原因只是影响经济活动的因素。

第五章

百年商号　以茶为业

一百年前晋商曾执全国金融之牛耳已为国人所了解，但谁会想到在同一个时代，晋商还曾开辟了绵延上万里的茶叶之路，成为继我国丝绸之路之后又一条横贯亚欧大陆的国际商道，垄断中国对俄罗斯贸易达两百年之久。榆次常家是茶叶之路这一历时近两个世纪的国际商道的开辟者，它与茶叶之路同生共荣，一起衰落。常家的经商史，可直接反映清代中国商人的对俄贸易史，是茶叶之路兴衰史的浓缩，与其他从事此项贸易的中国商人相比，具有杰出的代表性。

大盛魁商号是清代山西人开办的对蒙贸易的最大商号，极盛时有员工六七千人，商队骆驼近两万峰，活动地区包括喀尔喀四大部、科布多、乌里雅苏台、库伦（今乌兰巴托）、恰克图、内蒙古各盟旗、新疆乌鲁木齐、库车、伊犁和俄国西伯利亚、莫斯科等地，其资本十分雄厚，声称其资产可用五十两重的银元宝，铺一条从库伦到北京的道路。同治时，大盛魁的茶、烟销路好，为了适应蒙民的口味和运输上的便利，与茶商、烟商一起制出名牌“三九砖茶”和“祥生烟”。而且越做越精细，越做越定型，颇受蒙民欢迎。

晋中祁县渠氏是祁帮商人中资财最多的一户，他们的茶庄“长裕川”声名卓著，票号“三晋源”汇通天下。据《清稗类钞》载，渠氏资产为三四百万银两。渠氏祖上于元末明初开始经商，年长日久，到清乾隆、嘉庆年间，渠映璜又增设长源川、长顺川两大茶庄，从两湖采办红茶，贩销于西北各地及蒙古、俄罗斯。至此，渠家已经积累了万贯家财，成为巨商大贾。据渠家传说，渠映璜去世前有银一百二十万两，为当时晋中八大富户之一。

第一节 榆次常家与茶路盛衰

山西榆次常家，以财取天下之抱负，逐利四海之气概，制茗于武夷山，扎庄于恰克图，拓开万里茶路，经销蒙俄北欧，绵延二百余年，遂成富甲海内之晋商巨贾，中国对俄贸易之第一世家。常家事业长盛不衰之原委，就在于该族深谋远虑，居富思危、课子苦读、家学渊源，代代恪守“学而优则贾”的家训，源源将优秀的文化人才输送到商界，经商集团保证了持久精英，纵横捭阖，将儒家思想与伦理道德完美地体现在经济意识与经营活动中，实现了经济理性与道德理性的合一，遂成清代驰名中外之儒商望族。

关键词：外贸世家　先行者　见证

一、榆次常家是中俄茶业贸易先行者

常家原籍太谷县惠安村，明成化年间始祖常仲林落籍榆次繁衍生息。随着明末清初中国资本主义萌芽，其第六、第七世开始奔赴张家口从事商业贸易。张家口是蒙俄进入内地及首都北京的必经之地，由于口外是以畜牧为主的茫茫蒙古大草原，口内是农业、手工业相对发达的广阔富饶的中原，于是张家口又成为蒙俄与内地的交通孔道、军事要塞和商品集散地。在张家口坐地经商的大部分是山西籍商人，常家就是这许许多多山西商人中的一员。到八世

常家在张家口的铺号旧址

常威时，常家已有相当多的积蓄，比较富裕了。康熙年间，常家在张家口开设了“常布铺”门店，主要经营丝绸、棉布等。那时位于东欧的俄罗斯帝国不断向东扩张，资本主义发展迅速，急切地希望与东方文明古国中国进行商业交往。康熙二十八年（1689），中俄签订《尼布楚条约》，从此中俄贸易拉开了帷幕。于是紧临京畿的张家口商人，得近水楼台之便，成为对俄贸易的先行者。常家经营的丝绸、棉布是蒙古少数民族最需要的商品，也是俄罗斯民族最需要的商品。因此，常家亦跻身于对俄贸易先行者的行列。

茶叶之路的兴起与中俄贸易有着最直接的关系。一定程度上说，茶叶之路就是中国对俄罗斯以茶叶为主要商品的贸易之路。据一些历史学家研究，中国北方边贸“像是有了中国历史就已经开辟了”。而茶叶在这里作为商品进行交换，在宋代已有记载，但其贸易额微不足道，只是象征性的，而且时开时关，时行时停。中俄真正政治上的互市起于清代。明隆庆元年（1567），俄

◎ 常家学海

陈列馆内的中俄尼布楚条约签订场景

国派大使彼得罗夫与亚力忽夫来中国，要求互市，明廷不准。清顺治十二年、十三年、十七年（1655、1656、1660）与康熙九年（1670），俄向中国派遣的使臣，皆为商人或带商人同行，以便与我国民间进行不公开的茶叶贸易活动。后干脆出兵占领黑龙江以北一带，以雅克萨城为基地，谋求发展商贸，特别是想方设法进行茶叶购买。康熙二十一年（1682）清兵出师征讨，毁雅克萨城，俄人乞和，并于康熙二十八年（1689）两国签订了《尼布楚条约》，“嗣后往来行旅，如有路票（护照），听其贸易”（第五条）。这是中俄互市茶叶的开始，也是中外订约的开始。但这个条约远远不能满足俄国对茶叶的需求。之后，俄国多次请求扩大茶贸，收效不大。雍正五年（1727）俄国女皇派使臣萨华来京恳请，中国商人亦多次请求清政府，希望恩准与俄国扩大贸易。于是，中俄正式签订《恰克图条约》。可见，真正有了相对固定的线路，被官方认可并作为国事加以管理和保护，则是在中俄《恰克图条约》签订之后，更确切地说，是在中俄贸易统归恰克图一处之后。

清雍正五年中俄签订《恰克图条约》，开放恰克图、尼布楚和祖鲁海图三处中俄边境城市为商埠，但仍允许俄商入境，中国商人大多只依托库伦、张家口、北京等地与俄商贸易。18 世纪 50 年代，清政府限制“夷人”入境，收缩边境贸易。乾隆二十年（1755）北口对俄贸易统归恰克图一处。恰克图成为中国对俄贸易唯一的“陆上码头”。于是素有善贾之称、与俄商交易已大获其利的山西商人蜂起北上，垄断了恰克图市场。从此，在中俄贸易中，山西商人就成为中国商人的代表了。同时，因为茶叶具有消食健胃的功能，到 18 世纪中期，茶叶已成为以食肉为主的蒙俄各民族生活中不可缺少的必需品，发展到“宁可一日无食，不可一日无茶”的程度。因此，中国对俄输出商品中茶叶随之取代丝绸、棉布上升到主导地位。至此，南起我国江南福建武夷山和湖南产茶区，沿长江到湖北汉口，溯汉江抵樊城，陆路至河南周口——山西晋城、长治、太原——河北张家口——多伦或归化——库伦——恰克图，

山西阳高明长城

销往俄国西伯利亚、莫斯科及欧洲广大地区的横跨亚欧大陆的茶叶之路正式形成。常家后代九世常万达就是这时携巨资北上恰克图，占据有利地形，专事对俄茶贸的。所以说，包括常家在内的晋商是茶叶之路的开拓者。

二、茶叶之路得以繁荣的直接贡献者

中国对俄贸易统归恰克图一处后，中俄贸易额直线上涨，茶叶逐渐成为最主要的出口商品。在恰克图市场几乎成了专宠物。嘉庆五年（1800），由恰克图输出茶叶 279.99 万俄磅，约值 280 万卢布。嘉庆二十四年（1819）增加到 67000 箱，约合 500 万磅，中国商人收入达 500 至 600 万卢布。“1837—1839 年（道光十七至十九年）每年茶叶输入（俄国）数量，平均为 8071880 俄磅。1843 年，运到恰克图交易的茶叶 120000 箱。”仅茶叶一项合计价值在 1240 万卢布。而且道光时期的贸易，从俄国方面看，对华贸易占到其贸易总

晋商商贸活动扩展区域类型划分

额的 40%~60%，尤其是 1840—1850 年的 11 年里，对华贸易常常占到其贸易总额的 60% 以上。在中国方面，据《中俄贸易统计的研究》载，1844 年对俄输出分别占到全国输出入总额的 16% 到 19%，仅次于英国，占第二位。由此可见茶叶之路的繁忙和繁荣程度。

如果说恰克图开市之前常家只是拥有雄厚资本的山西商人中普普通通的一员的话，那么在恰克图开市，茶叶上升为最主要的出口商品后，常家就脱颖而出，成为对俄茶贸中国商人的代表了。

乾隆年间常家北上恰克图前，其产业已一分为三，像许许多多到口外谋生者一样，常万达兄弟三人有代表性地走了三条不同的生存致富之路。常万达子承父业，改“常布铺”为大德玉，以“玉”字号向外贸扩展。大哥常万玘另设“大德川”商号，以“德”字号专事内贸，二哥常万旺置田屯垦，落籍张家口菜园村，以种田为生。进驻恰克图后，常家的对外贸易逐渐转向专事茶叶贸易，而且不断扩大经营规模。在大德玉的基础上，清道光六年（1826）

大德恒

设大升玉，道光二十二年（1842）设大泉玉，同治五年（1866）设大美玉，光绪五年（1879）设独慎玉。由“玉”字五联号占据茶叶之路的前沿，以张家口为中枢，在江南茶叶产区和恰克图之间买茶山、办茶厂，遍设商号，在南起苏杭，北到恰克图，西至重庆，东到沿海，东北到奉天（今沈阳市）的大半个中国范围内形成了商业网络。据现存稀少的资料和老辈人的不完整回忆，常家曾在山西的榆次、太谷、长治、太原、大同、繁峙，北方的北京、天津、保定、定州、沈阳、洛阳、开封、社旗，南方的上海、南京、苏州、襄樊、汉口、河口（江西）、福州、成都、崇安，蒙古高原的绥远、归化（今内蒙古自治区呼和浩特市）、包头、多伦、赤镇、库伦、乌里雅苏台、多伦诺尔，设有大德玉、大昌玉、大泉玉、大升玉、大涌玉、大顺玉、三德玉、保和玉、三和源、泰和玉、独慎玉、大德川、大德常、大德美、大德成、大德瑞、大德亿、大德懋、大德正、大德旺、大德丰、大新德、谦德厚、丽锦源、巨盛泰、东和当、积成永、广馨源、晋隆祥、复兴和、瑞隆裕、同辑五、大顺荣、集成永、丰盛店、隆和裕、慎和裕、世和店、大兴德、笃信诚、天德顺、成吉厚、元顺德、大德宏、大合店、芝兰裕、天亨永、同济药店等 50 多个商号或工厂，即以对俄出口茶叶为龙头，引进俄国的皮毛、呢绒、牲畜等商品，通过内贸网络销售，以外贸促内贸，内贸服务外贸。发展到顶峰时，大德玉、大德川、三和源、独慎玉等字号还兼营或专营票号、账局等金融业务，为进一步扩大对外贸易筹集资金。18 世纪 80 年代末，经清政府准许，又深入俄国内部许多城市如莫斯科、多木斯克、耶尔古特斯克、赤塔、克拉斯诺、亚木斯克、新西伯利

大德红梅天宇号茶叶包装盒

亚、巴尔纳多、巴尔古金、比西克、上乌金斯克、聂尔庆斯克等地贸易，使中国陆上直接对外贸易从恰克图向北向西延伸到欧洲。

常家就是这样与其他垄断中国对俄贸易的晋商伙伴们一起，在近200年的时间里，用他们的辛劳与汗水，为自己创造财富的同时，直接促进了茶叶之路的繁荣和延伸。从更高层面上说，以常家为代表的晋商对俄贸易，促进了中国资本主义的发展和世界文化的交流。他们是历史的功臣，是文化的使者。

三、常家见证茶路的衰败

咸丰元年（1851）到第二次鸦片战争后，俄国陆续胁迫清政府签订了《伊犁塔尔巴哈台条约》、《黑龙江通商条规》、《天津条约》及《北京续约》、《中俄陆路通商章程》等不平等条约，使西北、华北、东北的广大地区变成俄货的免税区，并给予俄国在沿海和长江沿线自由通航、设厂、自行采办茶货、推销洋货的特权。同时，俄国政府降低茶叶进口税，俄商运茶进入贝加尔湖以东，再不需交纳任何关税。为了俄商在中国购买货物方便，俄政府还取消

19世纪包装茶叶的情景

俄国境内"茶叶之路"上的一座茶楼

了不准用银卢布交易的禁令。同治五年(1866)，沙皇俄国又强迫清政府取消了经天津海关的子口税，使俄商贩运我国茶叶的成本再次降低。

此时的俄国在航运、通讯、机械制造等方面都得到了快速发展，俄商充分利用这些工业革命成果从事商业贸易。同治十年（1871）和光绪十八年（1892)，俄商先后成立了黑龙江轮船公司和黑龙江贸易轮船公司。到甲午海战前夕，中国沿海和主要内河航线几乎全被外国轮船公司控制。同时，俄商在中国投资兴建出口加工业。从19世纪70年代开始，一共在汉口设立了7家机器砖茶厂，在九江和福州两个茶叶中心也开设了数家砖茶厂。机械加工的砖茶不仅在产量上远远高于中国手工生产，而且在质量上大大优于中国手工生产的砖茶。于是，19世纪80年代后期，俄国几乎完全控制了我国主要产茶区茶叶的采集加工和主要的茶叶贸易中心，自行用轮船航运从长江口出海到天津转口，经张家口、恰克图运回俄国出售。至此，曾由中国商人控制的茶叶之路的性质已发生了根本的变化。期间，俄国莫斯科到中国上海的海底电缆也在不知不觉中铺设完工，并投入使用，快捷的信息传递，为俄国政府及其商人提供了极具便利的条件。

而在我国国内，腐败无能的清政府不仅为俄国提供了其他国家无法享有的特权，把中国和中国商人的利益拱手让于外人，还以重税抑制民族工商业的发展。太平天国革命爆发后，清政府借机实行厘金制度，到处设卡抽税，加重了中国商人的负担，事实上限制了民族商业的发展。据《中国农村经济的研究》载："茶叶从汉口到张家口，要经过63个厘金税卡。"中国商人也曾尝试海路运输，但不仅不能享受与俄国商人同等的待遇，还必须缴纳陆路

厘金局

通过税的厘金。据 1868 年天津海关贸易报告记载：“俄国商人……根据最惠国条款，把砖茶运往恰克图，而只交纳每担六钱的关税。中国人就不能这样做。”“如果他（中国商人）用外国船只进口，那么，他必须在装货港交纳一定的税款”，即“还必须在天津交纳关税和厘金，而且还必须在东坝、南口和张家口交纳关税”，因此，在这个情况下，俄国商人和中国商人比起来，当然是受到保护，而中国商人比外国人吃亏。同样的茶货，中国商人所付关税超过俄国商人 10 倍以上。

同时，太平天国主要占据长江中下游地区，咸丰三年 (1853)，还兵燹了山西商人采办茶叶的主要基地汉口及福建北部茶区，为中国的对外贸易带来了很大困难。在如此恶劣的环境下，许多中国茶商退出了对俄茶叶贸易，如祁县的渠家，主要资金和精力转向了票号。恰克图市场一落千丈，同治四年（1865）“中国茶行字号，百二十家仅存十家”。到同治七年（1868），就“只剩下四个老的山西行庄”了。而榆次常家凭借雄厚的实力和多年的信誉，仍坚守在这一领域，争取清政府的支持，顽强地用马车、骆驼等传统的运输工具与俄商的电报、轮船竞争，苦心经营。同治七年后，经清政府准许，直接

独慎玉商号俄罗斯莫斯科分号店面与店伙

深入俄国内部贸易，在俄国的莫斯科等许多城市设庄营业。同时争得清政府的酌减厘金，取消一切浮税的“体恤”。为反对俄商的欺压，捍卫民族利益，还于1883年，在汉口茶界，与制茶工人、贩卖所、经理人、装卸工人等凡与茶叶有关的人员举行了大规模的同盟绝交运动，沉重地打击了外国商业势力的嚣张气焰，加强了茶叶产地的茶农、小商贩与晋商采办，加工茶叶庄、厂的合作。一度使茶叶贸易额出现回升。

但是，在俄国坚强的政府支持、发达的航运业、先进的科学技术面前和腐败无能的清政府统治下，“茶叶之路”的衰败大势已定，无法挽回。同治九年（1870），俄国从中国沿海向南直到乌克兰敖德萨港的航线开通，分走了一部分恰克图的贸易额。1905年，横贯俄国的西伯利亚大铁路竣工通车。从此，俄商由天津转口陆路运输到恰克图回国的货物，改由沿海北上海参崴，转铁路运输回国。加之印度茶和锡兰茶进入国际市场，打破了华茶独占世界茶叶市场的局面。于是，在茶叶之路的起点，茶叶采集利益几被压尽，中途运输交通工具落后，课税林立，成本无法降低，终端由于俄商自行采办运输，质高价低，俄国茶叶市场几达饱和的情况下，惨淡经营的常家及已为数很少的山西商人为维持对俄贸易，向俄罗斯中小商人赊销，最终以俄商拖欠巨额茶货款血本无归走入绝境。宣统元年（1909），俄国又突然对在俄华商课以重税，所征税额高出货价的数倍，借以驱赶窒息华商。1914年，第一次世界大战爆发，俄国国内战争顿起，常家大德玉连同联号大美玉、大升玉、大泉玉、独慎玉以在莫斯科赔累140多万两白银，其他地方损失无法计算的结局，为常家的对俄茶贸画上了悲壮的句号。同时，标志着在亚欧大陆上繁荣了200年的茶叶之路彻底消失了。从此，以常家为代表的对俄茶贸连同“茶叶之路”永远成了历史的遗迹。

在“茶叶之路”上从事对俄贸易的众多山西商号中经营历史最长、规模最大者，首推榆次常家。常氏一门，自乾隆时从事此项贸易始，子孙相承沿袭，历经乾隆、嘉庆、道光、咸丰、同治、光绪、宣统七朝，堪称清代的巨商和外贸世家。常家宅院的修复，将唤起国人对“茶叶之路”的记忆，鞭策我们努力搞好改革开放，并用科技的力量去圆我们强国的梦想吧！

第二节 独占鳌头——大盛魁商号

茶叶生意在大盛魁日用百货的经营场所占的份额比例较大。其所以如此，一是因为蒙古高原及俄罗斯等地区属于高寒地区，虽不产茶叶，但是对茶叶特别是对砖茶的需求须臾不可或缺，且需求量较大；二是茶叶的运输方便，运销茶叶的利润丰厚，商家往往为利所趋。

大盛魁的企业系统中经营茶叶生意的主要有三玉川和巨盛川两大茶庄，这两大茶庄对大盛魁的发展起到了重大作用。

关键词：草原贸易　三玉川　巨盛川

一、王相卿与大草原的茶叶贸易

大盛魁创始人王相卿，是一个力量过人的高大汉子，康熙三十九年（1700），在中国西北这样一个不太容易创业的环境建立起一个商业帝国。王相卿的商号位于满洲人统治的中国北部的前沿地带，是北方草原游牧部落和内陆汉人农民间的主要中介，并得以从双边的贸易中获利。大盛魁的主要贸易有以下三种：银票信贷、牲畜买卖和茶叶贸易。它的商业模式向我们显示是如何通过贸易去影响一个外民族文化的。

王相卿

王相卿的商号兴隆200余年，茶叶贸易从康熙三十九年开始，一直做到民国十八年（1929）。大盛魁在其巅峰时期雇用员工近7000人，按照19世纪墨西哥鹰元的标准，年收入约1000万鹰元。大盛魁利用它的优势地位在蒙古建立起一个体系，合法地从政府的财富中获利。19世纪末，

大盛魁商标

有三个晋商的商号——大盛魁、天义德和元盛德，实力强大，它们被称作旅蒙商号，是设在蒙古的九个汉人商号中最强大的三个，其中大盛魁独占鳌头。

大盛魁创立于中国变换其商业策略之时——中国的商业结构是由不断演变的宏观经济条件决定的。宋元时期，中央集权统治对商业贸易的控制不断放松，中国与印度以及东南亚的贸易加剧这种发展趋势。明代晚期，新的商业结构从与中国以北富有的游牧部落的贸易中诞生。除与外部的贸易之外，中国的内部市场也茁壮成长。至明万历二十八年（1600），中国的人口达到 2.3 亿；至清顺治七年（1650），则增加到 2.7 亿。也就是说，在美利坚合众国成立 100 年之前，中国的人口就超过今天美国的人口。

二、大盛魁与茶业生意

中国茶叶的产地广阔，品种繁多，尤以“西湖龙井”、“君山银针”、“太

十大名茶之太平猴魁、西湖龙井、祁门功夫、安溪铁观音

平猴魁”、“六安瓜片”、“祁门功夫”、“黄山毛峰”、“南京雨花”、“洞庭碧螺春”、“安溪铁观音”、“信阳毛尖”等十大名茶著称于世。中国又是世界上产茶第一大国,厚实的“茶文化”形成由来已久,茶事便成为国民重视的要务之一。

据《清史稿·食货志·茶法》记载:“夫吾国茶质本胜诸国,往往涩味中含有香气,能使舌本回甘,泰西人名曰‘胆念’,他国所产鲜能及此!故日本虽然有茶,(但)必购于我。荷兰使臣罗伯亦曰,‘爪哇、印度、赐(锡)兰茶皆不如华茶远甚’。然则奖励保护,无使天然特产为彼族人力所夺,是不能不有望于今之言商务者。”

中国的茶叶主要集中产于江苏、安徽、江西、浙江、福建、四川、湖南、湖北、云南、贵州等南方省份。对于本国所产的茶叶经销,明清时代都有极其严格的律令,名曰“茶法”。明代茶法有三:一是官茶,储于边地,用以易番马,称其为“茶马之易”;二是商茶,发给“茶引”(即户部发给茶商或茶户的专卖营业许可证执照,准其交易的地域和茶叶数额等),按例课税;三是贡茶,则是进贡皇帝皇宫专用。清代沿袭明代茶法,除在甘肃省设置“茶马交易”场所外,其他各省均由户部颁发“茶引”特许证件或执照,按数量、质量规定,明确销售地域,实行管制经营。“茶引”每年按例到户部宝泉局领取一次,有效期为一年,年办年销。用过的“茶引”不准延期续用,必须将“茶引”票照交回发出“茶引”的机构,来年再用再领。“茶引”规定年销

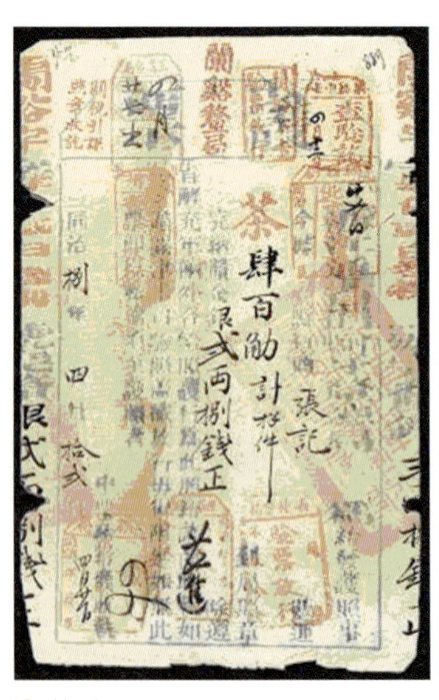

茶引

茶百斤为“一引”，不足百斤称“畸零”。凡伪造“茶引”或弄虚作假，搞假茶买卖、非法贩运，私与外国人买卖茶叶者，一经查实，都要按例予以治罪。为了加强对通商茶务的监管，明清时代在各省份均设置相应的官署，委任官吏专管茶务。但司理茶务的官署在各省份的称谓不尽相同，如有的称为“五茶马司”，有的称为“巡视茶马御使”，有的称为“监茶道”，有的称为“茶引批验大使”，有的称为“巡检司”等等。

烹茶图

嘉庆之后，由于同南洋和欧美诸国通商茶务，因而汉口、上海、福州便成为对内对外销售大宗茶叶的最大口岸；其后广州、天津、芝罘（今烟台）三地的洋商云集，争相购买中国各地所产茶叶。茶叶的采购和销售，也就形成了较为稳固的渠道。如汉口经销的茶叶大多采购于湖南、江西、安徽以及湖北本省，向河南、陕西、青海、新疆运销；上海经销的茶叶，除在本地采购外，多采自湖广、江西、安徽、浙江；福州经销的茶叶，多是本省红茶，多销往欧美各国；而绍兴茶则多输往美国；宁波茶多输往日本；福建、江西、安徽所产红茶还大量销往南洋群岛。《清史稿·食货志·茶法》还云：“盖茶之性喜燠恶寒，喜湿恶燥，又必避慓烈之风，最适于中国。泰西商务虽盛，然非其土所宜，不能不仰给予我国，用此骎骎，遍及全球矣！其业此者，有总商，有散商。领引后行销各有定域。”

晋商在归化城经销茶叶生意，主要经营的是湖南所产砖茶。因为蒙古高原、俄罗斯、新疆等地是以消费砖茶为主，需求量很大。19 世纪 90 年代，俄国蒙古学学者阿·马·波兹德涅耶夫在实地考察蒙古高原后写成了《蒙古和蒙古人》的考察记事。他写道："归化城的商业中，自古以来最主要的项目就是茶叶，而茶叶之中又以砖茶，尤其是以二十四块一箱的砖茶为主。这种砖茶几乎是专门供给当地的汉族居民和土默特居民用的。……就在最多不过十年以前，这种砖茶在归化城的销售量竟达四万箱。……在这十年之内，这种茶的价格由十二两提高到十五两，甚至十六两，也就是提高了 25%~30%。"据记载，当时及以前，归化城经营茶叶的晋商，还把大批的砖茶运销到乌里雅苏台、科布多、甘肃、新疆、俄罗斯乃至中西亚等广大的消费砖茶地区。

大盛魁的企业系统中经营茶叶生意的主要有三玉川和巨盛川两大茶庄，这两大茶庄对大盛魁的发展起到了重大作用。

三玉川茶庄是投资了十万两白银建立起的大盛魁的分支小号，还有浮存的周转金十万两白银，按借贷以年利七厘行息。总号设在山西省祁县城内，加入了祁县茶庄集团。它的茶叶进货渠道，主要是从湖南、湖北自采自制各种砖茶。"三六"（每箱 36 块）、"三七"（每箱 37 块）两种砖茶，推销给张家口的旅蒙商；"二四"（每箱 24 块）砖茶推销到归化、包头两地；"三九"（每

大盛魁在恰克图的茶叶交易场面

山西偏关明长城

箱 39 块）砖茶，除满足大盛魁自身的销售外，还卖给别的旅蒙商。三玉川的本来铺名叫“大玉川”，但因为它所制销的砖茶牌子上，有“三玉川”三个字，所以在茶山里叫三玉川，在几个销茶的庄口，也叫三玉川。三玉川采茶的地方有三处：湖北蒲圻县的羊楼洞、蒲圻县与湖南临湘县交界的羊楼司、临湘县的聂家市。采茶的人，小暑去，冬天回来，在汉口常住有两人办理运茶和收交款项等事，在归化城设有庄口，主要为大盛魁进货。有资料说，在晚清时三玉川茶庄每年销量在万箱以上。除在上述三地自采自制砖茶外，还在湖南南部委托茶行购制红梅茶、米心茶、千两茶；红梅茶多半在汉口就卖给俄国洋行。米心茶是把红梅茶末装制成块，运至归化城，再卖给跑新疆的行商。千两茶就是贡尖茶，比砖茶品质好，如“一骷髅子贡尖”，重六十二斤半，合旧秤一千两，运销于陕西、甘肃、山西、张家口等地。

巨盛川茶庄的情况与三玉川茶庄差不多，但其资本规模较小，只有两万两白银。到清末至民国初年，被大盛魁直接接收时，投资扩大到五万两白银。

巨盛川茶庄也是到茶叶产地自采自制茶叶。它所采制的“巨盛牌”砖茶很负盛名。大盛魁除了从这两家茶庄进货外，还向在其小号东升长茶布店住店的茶商购进一些，为的是遇有自制砖茶不够销售时能及时供得上，以免受其他茶庄的节制。

大盛魁末代掌柜段履庄

大盛魁运销砖茶，力求适合蒙古、新疆和俄国广大用户的口味和运输的便利。茶商们非常重视用户的意见，只要搜集到意见和建议，就及时予以改进。前后营等处的蒙民日久成习，喜欢喝“三九”砖茶，尤其是喜欢喝三玉川的“三九”砖茶。有三玉川标记的砖茶就非常信得过。大盛魁每年销出的砖茶多则三四万箱，少则四五千箱。按时价估算，每年茶叶的销售额多则上百万两白银，少则数十万两白银。所得利润估计每年最少在 15 万至 20 万两白银。

虽然清廷对茶事有严格的禁律，但大盛魁持有户部颁发的茶引，后来进一步持有皇帝的“龙票”，凭借这“两票”，茶叶买卖做得既广又大。道光三年（1823），由于大臣那彦成奏请新疆行茶章程，经户部议复，虽然禁止归化城茶商将茶叶从乌里雅苏台、科布多运销新疆，但大盛魁其他地方的茶叶买卖仍按原例进行，大盛魁的茶叶买卖所受影响并不太大。其后，由于茶叶生意的利润更加丰厚，连欧美、大洋洲、非洲、南洋等地各国都竞相向中国购买茶秧、茶种进行种植和销售，国内外茶叶生意的竞争异常激烈，但大盛魁的茶叶买卖始终是经久不衰。

第三节 百年老店——长裕川茶庄

长裕川茶庄是晋商中开设时间最长、规模最大的茶庄之一。在长达150多年的茶叶贸易中，“长裕川”人创造了“两头在外”的，以国内外茶叶市场为导向，以“川”字牌三和茶、砖茶为名牌产品，以湖南、湖北茶山为优质生产基地，以“茶庄—茶行—茶农”为组织载体，以“行商遗要”为标准化操作规程的一条龙经营模式。这成为长裕川百年不倒的重要原因，也是晋商万里茶路文化的一个闪光点。山西祁县渠家大院长裕川茶庄是历史上的一个具有真正意义的百年老店。

关键词：时间最长　贩茶之旅　经营特点

一、一个祁县商人的贩茶之旅

这要从一本小册子的偶然发现说起，《行商遗要》发现的过程极具偶然性。2006年4月，祁县晋商文化研究所成立。在进行文献整理时突然发现一本蓝皮旧书，书皮上未见一字，打开封面，扉页上用毛笔写有《行商遗要》书名及为商之道总论，其中的内容令人大为惊奇。

这个小册子很不起眼，可它却很详细地描绘了晋商行走茶路的众多细节，之后，《行商遗要》被列入“晋商万里茶路主力军——祁县茶帮”专题调研的主要内容。经过一些学者的浏览审视，很是惊讶，非常激动，原来它是长期流落在民间的晋商行商的原始纪要，记录的内容既详细又丰富，对于研究晋商历史、晋商道德、晋商文化很有意义、很有价值。

我们姑且假定这次来做生意的是王掌柜。他属于著名的山西祁县商帮，祁县商帮是晋商在茶叶贸易上“开始最早、规模最大、延续时间最长”的一支力量。在庞大的商帮队伍中，王掌柜只是其中微不足道的角色。他来到了暮春三月，群莺乱飞的江南。

洞庭湖畔的湖南安化，茶农们看到几个身材高大的北方人，他们风尘仆仆，满脸劳顿。对这几个人，茶农们并不陌生，他们知道，这些操山西口音的人，个个都是经商高手，他们富可敌国，每年都要来到这里，用白花花的银子或者一张张银票，从茶农们手中订购一箱箱茶叶。然后装船运往北方，又换来更多的银子和银票。这只是想象的情景，然而在清康熙到民国初年的200年间，这样的情形每年都在安化上演着。

王掌柜到安化的时间一般都在立夏前，这次，他来得更早，带来的几个伙计也都是祁县人。他们一到安化落脚，便进山收购茶叶。收购茶叶的过程是烦琐的，这对不懂茶叶的人简直是一种折磨。王掌柜有自己的经验，同时《行商遗要》也给他提供了不少规范。“何谓好茶，首重条紧、色顺、纹直、沉重、味佳、外乌油色、内株干色者，必是安化正路茶。”这次王掌柜要采购红茶，他看得非常仔细。除了看色，接着还要品，王掌柜虽然是个老手，却一点都不敢大意。这次泡上茶之后，他发现满碗俱青，心里便有了数。王掌柜点点头，接下来开始讨价还价，幸好，双方都已经合作很长时间了，在这个问题上并没有浪费多长时间，买卖就这么定下来了。

王掌柜的行进路线如下：边江镇发益阳水路130千米，益阳发汉口水路420千米，汉口到樊城600多千米。

长裕川茶庄南院院门

洞庭湖畔的湖南安化

1. 1/3 的水路路程

边江到益阳的河流很凶险，“大滩甚多”，跟在大江大河中逆行差不多。这一次遇到水枯，王掌柜特地选了当地几名很有经验的舵手，船也特地用小船，每艘船上装 20~30 担，每一个晋商都清楚，如果船翻了，那他就血本无归了。他们在船和舵手的身上决不吝啬。

到了益阳，他们就面临洞庭湖了，“气蒸云梦泽，波撼岳阳城”，这首描绘洞庭湖的诗歌说明，在湖里行船，最可怕的莫过于风浪与浓雾，王掌柜特意雇了一艘抗风浪能力较强的大船，还特意看了看船是不是结实，他还高薪聘请了一些有经验的船夫。做完这些，他依旧不敢大意。《行商遗要》专门交代：“货多事重非些小也，开行之日不可着急。”那几天天气不好，风高浪急，王掌柜只得等待，等到“顺风天晴”的日子，他们才重新起航。

下一个目标是汉口，他们进襄河口停泊，在这里又换上小船，一直到樊城，又到河南赊旗镇。赊旗镇属河南省南阳县，这是一个重要的码头，南方水路运来的茶砖在这里改陆路，继续北行。经洛阳、过黄河、入太行山，越晋城、过长治，出子洪口至祁县鲁村，一路上，都是太行山崎岖的山路和河流，

八百里洞庭

茶马古道

只能用骆驼、骡子驮运，不能行车。一峰骆驼能装载 200 多千克，王掌柜算了算，共需要 30 峰骆驼。驼队并不难找，从赊旗镇到祁县，有很多养骆驼的专业户，他们有的养一槽（每槽 12 峰），有的能养十几槽，甚至更多。他们专门为晋商运输货物。

王掌柜讲好了价格，雇好驼队。他们继续北行，虽然凶险不是很多，但他们必须处处小心谨慎。为了防盗抢，他们穿着十分朴素；为防不测，他们晚早宿晨早行。他们不敢与生人相伴……这些都是《行商遗要》里严格规定的。

一路的行人都好奇地打量着他们，这确实是一幅很奇特的画面，驼队的首领骑着一匹大骡子，后面跟着一峰峰骆驼，驼峰走入群山间又从群山间走出，“叮咚”、“叮咚”的驼铃声渐渐远去。只在茶路上留下了一个永久的惊叹号。

祁县鲁村是另一个至关重要的中转站。祁县的茶商们，在鲁村就地把茶货从骆驼、骡子背上卸下，按发货需要改装大车，再运往口外。王掌柜一行来到鲁村村南，进大门后，他们便看见了鲁村戏台，“人马平安戏”正在台上演绎着，听见了那熟悉的家乡口音，王掌柜长吁一口气，终于回来了。

路上走了三四个月，现在正是北方最炎热的季节，伙计们在鲁村看戏解乏，王掌柜却没闲着，他来到官道两旁的车马店定车马，接下来到口外的路，便由车马完成。几天之后，他们出鲁村村北，上了万里茶路的车运官道了。村北大门旁是个老爷庙，供奉着关老爷的塑像。庙前有铁制的旗杆，上面的铜铃一刮风就“叮叮当当”地响起来了。王掌柜在临上官道前，去参拜关老爷，以求保佑一路平安。

接下来便是口外的贸易了。又一个月的时间，王掌柜赶回了成群的牛羊，这一次生意便算完成了。他们休憩一段时间，又开始谋划下次的贩茶之旅。

2. 砖茶适应长途贸易

自恰克图茶路开通以来，从武夷山茶场到两湖茶场，旅蒙商主要经营的是散茶。咸丰、同治年间，旅蒙商在转移两湖茶场后，指导蒲圻、崇刚一带茶农制作上好的青茶:先于谷雨前后，让妇女儿童摘取嫩芽，使其干枯、压卷，然后，将茶叶洗净，入锅微熏微炒，出锅后用簸箕盛做一堆，用手使劲揉搓，去其苦水，再炒再揉，最后用柴火或炭火焙干。他们还制作红茶。青茶用的是雨前茶，也就是谷雨前，二月采者，亦为头茶。红茶范围较广，四月底五月初采撷者为二茶，八月初采者为荷花，七月初采者为秋露，都可以加工成红茶。做红茶，要把茶叶用晒垫铺晒，晒软后合成一堆，用脚揉踩，去其苦水，踩而又晒，达到捻而不粘。再加布袋盛贮筑紧，经三时之久，待其发烧变色，谓之上汗。汗后仍晒，以干为度。不论青茶、红茶，焙制成功后，晋商向茶农收购散茶，装入竹篓，踩压结实后，方投入运输。但是，茶叶体积大、重

安化黑砖茶

金骏眉（红茶）

量轻，包装竹篓易损耗，给长途转运带来很大不便。于是，晋商就琢磨改进之法，采用中国传统的紧压茶办法，开始大量生产砖茶。

制砖茶是中国的一项传统工艺。中国人是何时学会制砖茶的？有人说在11世纪，有人说是唐文宗太和年间（827—835）。其主要制法是将茶叶经高温、高压，蒸压成型，再经晾干同体化后，再运输售卖。饮茶时，需将砖茶破碎成小块，放入特制水壶煎煮饮用。蒙古人、西藏人常把砖茶和奶制品一起煎煮，称为奶茶，这种茶对消化肉食、强壮身体有好处。所以，砖茶出现后很受高寒地区的蒙古人、西伯利亚人欢迎，在茶路上很畅销。

旅蒙商初制砖茶，纯为手工制作。首先，将茶叶放置于蒸笼中，架于锅上蒸之，蒸好后，倾倒入木制模型中，靠木架压榨器，借杠杆之力，压榨成型。然后，从模中托出，晾置于干爽通风的楼上，任其自然干燥。制成砖茶，便于装箱运输，大大提高了茶路的水陆运转效率。随着砖茶的畅销，旅蒙商就在蒲圻的羊楼洞开设制作砖茶的加工厂十余家，厂名有天吕永、天德玉等，筑厂房近20处，总计雇工数千名。受雇的大多为当地茶农。方法仍系土法，

湖北羊楼洞一座茶厂的外景

原料多为二茶和三茶，茶叶长约一寸，味强，人称老茶。羊楼洞的砖茶厂完全实行雇佣劳动制，是生产力水平较低的高级手工业作坊，它们解决当时无地和少地农民的生路，对湖北茶业经济领域民族工业的生成和发展产生了推动作用。

3. 山西茶商与砖茶工艺改进

第二次鸦片战争后一系列不平等条约的签订，对中国传统的民族工商业确实是一场灾难，而给西方列强的工商业则带来巨大的发展机遇。俄国商人抓住这一机遇，深入中国内陆与中国茶商展开竞争。同治二年（1863）以后，俄国茶商也跑到中国来生产砖茶。他们相继在汉口、福州、九江开设茶场。汉口俄人茶场使用蒸汽机制砖茶，比晋商茶场手工压制的砖茶边缘整齐、结构瓷实、损耗也少，产品很有竞争力，但是，难以保持茶叶原有的香味。为补救这一点，从光绪四年（1878）起，俄国逐步采用水力压机取代蒸汽机。用一雕有精细花纹的笨重模型，把蒸热的茶叶分层放入其中，先放一层上等茶，然后放一厚层粗劣茶叶，再加一薄层上等茶，用水压机重压，出模后晾干三

老式蒸汽机

压茶机

星期，即告完成。俄国的机器生产砖茶，效率较高，产量也大。每台机器日产 80 篓，合 12000 斤，比晋商的手压机日产量高 3000 斤。而且，生产的废品少，是晋商茶厂废品的 1/5。有人曾记述说，仅仅几年，“汉口烟筒林立者，即俄商以机器制茶之屋也”。其生产加工的集中程度明显高于晋商。这对在茶叶大战中已经不占优势的晋商，是严峻的威胁和挑战。

晋商自生产砖茶以来，也在不断改进工艺。最初，他们只会使用一种木制平压机，这种工具早在明末就有人使用，属于民间简单机械，生产规模小，每架木质压榨机每日仅可制茶叶 60 筐，合 90 担。而且，最初的木质压榨机，操纵不便，平整效果不佳，厚薄不均，特别是四角边缘往往因压力达不到而出现残缺，外形不整，且多损耗。不久，晋商就在木压机基础上，坚持改进，创造发明一种铁压机。将其工作原理由过去的压制改为手摇轮转压制，省力省工，节省原料，增大压力，使产品光洁整齐，改善了外观，还提高了生产效率。但这种改进也还是局部渐变，仍不能和俄国人的机器压制相比。

光绪十九年（1893）前后，晋商为增强自己和洋人的竞争力，很不情愿地采用较为先进的设备改进自己的制茶手段，他们于光绪二十三年（1897）购进英国怡维生公司生产的烘干机，焙制散茶，砖茶、散茶的生产能力都大大提高。而产品的质量，一直是晋商十分关注的问题，机器制茶后，晋商作为茶叶的监制人，仍然关心茶叶的色、香、味。虽然，数量上已不能和俄国人相比，但质量上地道、纯正，仍是商品长盛不衰的原因。

4. “川”字名扬海内外

恰克图茶路后期，中俄两国茶商在两湖纷纷开办砖茶厂后，“山西商人或商业集团基本上控制了晚清湖北的茶叶生产，特别是武昌府所属各县的制茶业，使其茶叶加工活动按照自己的意图进行。在制作散茶时期和压制砖茶之初，茶农或园户常常是依据旅蒙商的技术要求及质量指标加工茶货的，然后由旅蒙商予以统一收购，有时还由旅蒙商预支一部分钱，助民产茶，而后以产品折还”。

旅蒙商的砖茶厂主要在湖北蒲圻、崇阳、咸宁一带和湖南的临湘、安化等地，而以蒲圻的羊楼洞、湖南临湘的羊楼司、聂家市最为集中。

有一位在聂家市多年经营砖茶庄的晋商，于民国二十一年（1932）印行一本《每自期斋诗稿》。其中有一篇名《赠康君鉴三》的诗：

青琴海上咏成迁，借盖全交亦旧缘。
大笔惯题湖水月，故乡遥看晋阳烟。
书编平准追前哲，荣入泮官忆少年，
侬亦弃儒求学贾，愿同伐木订联翩。

从诗中看，这位旅蒙商在聂家市经营茶叶多年，与当地人士交往颇深。那么，旅蒙商在两湖茶界究竟是什么角色呢？准确地说应该是监制。也就是说，旅蒙商是砖茶的品牌持有者和保证者，没有旅蒙商的品牌作保，砖茶是卖不出去的。有人叙述过当时的情况：“大凡驻汉办茶之（晋）商，每年派一总管带同司事人入山（羊楼洞一带）造茶，若总管朴诚勤慎，监造精明……一白当出色。”有诗证明晋商的作用：

茶乡生计即山农，压作方砖白纸封。
别有红笺书小字，西商监制自芙蓉。

诗是清末民初人周顺佣写的。西商即旅蒙商，芙蓉指芙蓉山，是旅蒙商比羊楼洞还要早的制砖茶的地方。意思是：砖茶本为茶农造，却要贴上旅蒙商的商标，说明是旅蒙商监制，才能包卖、畅销。旅蒙商中的榆次常家，是老牌的茶路经销商。早期，常家总号驻扎张家口，主要从武夷山贩卖茶叶。转入两湖后，常家在安化、临湘都建有砖茶厂，产品由大涌玉等字号经营。他家在聂家市、羊楼洞都有过大的砖茶厂，在张家口市场和恰克图也很有名气，人称茶叶世家。

旅蒙商在茶路上打得最响的品牌是“川”字牌砖茶。它是由山西祁县茶商监制的。之所以被称为“川”字牌，是因为这种砖茶上面的中心部位都有凹陷下去的一个川字。说明它是由祁县的四家茶庄监制的。四家茶庄的号名叫：大玉川、大吕川、长裕川、长盛川。它们在张家口都有分号，人称两大两长，四家茶庄名字中都有一个“川”字，所以它们的产品都镌一个“川”字作标记。“川”字茶叶产地就在两湖，主要厂址在湖北蒲圻的羊楼洞。当地人又称洞茶；由于砖茶主要销往国外和中国边境地区，所以，又称边境茶。现在，羊楼洞的茶厂有一种国家评奖的名牌产品叫松峰牌绿茶，很畅销。但内蒙古群众还是认“川”字牌砖茶。1953 年 4 月，原来的洞茶

羊楼司山区

“川”字牌砖茶

老厂，已迁到赤壁市赵李桥。至今，“川”字牌砖茶还在生产，是国内有名的青砖茶之一。

长裕川“川”字牌砖茶

“川”字牌砖茶的包卖经销商，所谓两大两长字号的主人，是旅蒙商大盛魁和祁县渠家。其实祁县很多富商是靠经营茶叶起家的。除大盛魁和渠家外，还有乔家、何家、翟家等都是茶路上的常客。正因为祁县经营茶货的人家较多，发财后又都改办票号，祁县就有茶票庄一说，好像茶庄和票庄是一码事，实质并非如此。它只说明，在祁县，票号是由茶庄衍生发展过来的。祁县有句俗语：“坐官的入了阁，不如在茶票庄当了客。”可见茶叶生意在老百姓心中的位置有多重。

二、长裕川茶庄的“活字典”

讲完了王掌柜的贩茶之旅，很有必要说一说这一故事的来源《行商遗要》。这本《行商遗要》是祁县渠家茶庄长裕川办茶厂、产茶、销茶的详细实录，也是长裕川营销茶叶的宗旨要求和道德规范。这个手抄本封面上没有书名，亦无作者姓名，只在手抄本首页上用行楷体写着“行商遗要”四个大字；全书共 77 页，计 20790 字左右，全用小楷行草体抄录，无标点符号；行文结构为文言文句式，文句中还不断出现一些乡间俚语，是一种“文”、“白”混合的文体；全书的结尾处有“注意誊完”四字，由此可见《行商遗要》有一原本，可惜那个原本已不知散佚何处，但应当相信这个手抄本与《行商遗要》原本内容一样。

晋商的成功之道是：以义制利，诚信无欺。这个手抄本的第一页就开宗明义地抄录着晋商的德行要言，兹摘录若干于下：

渠家大院

为商贾，托天理，常记心上。不瞒老，不欺幼，义取四方。领东本，遵号令，监制茶货。逐宗事，照旧规，勤勤俭俭。诸凡事，切不可，耗费浪荡。勿华丽，学素朴，免惹盗窃。晚早宿，晨早行，以防不测。水陆路，遇生疏，最忌相伴。若同帮，宜谦让，务要尊敬。为客商，学谦和，勿势欺良。若洋庄，预先访，全靠耳目。勿碍滞，生机见，临时通变。平素日，手摸胸，细细思量。莫学那骄奢傲，时新款样；莫学那匪类事，嫖赌嬉游。尽其心，竭其力，正直端方。

这个手抄本里还有一篇文章:《中华民国元年九乡人言污谤我号不正变狡，心中愤怒，故作此据预启》，显然是批驳其对“长裕川”茶庄污蔑诽谤言论的，可见晋商对自己商行声誉的重视和对自己正当权益的保护。这些商业道德行为规范，在尔虞我诈的时代有着强烈的践行价值；在建设社会主义和谐社会的今天，也具有现实意义。

这个手抄本既无目录、也无章节，但在书中，每论述一事项的开首，都加一破格、大字的小标题。全书除开头的书名《行商遗要》下有四个小段为总纲和总论外，以下有很多破格、大字的小标题。如：

“祁至安化水陆路程底”

“篾器箱壳价殖例”

“买红黑茶规例底”

“边江发益阳水脚底”

……像上述小标题，全书共 71 个，即全书共分 71 个小节，每一小节中都记载得十分详细。

如记载的从祁县到达湖南安化的路程，原标题为“祁至安化水陆路程底”，文曰：

“祁 30 里至子洪。40 里来远，打尖。”

“60 里至沁州，宿。60 里至虎亭，宿。”

“40 里至交川沟，打尖。50 里至鲍店，宿。”

到达泽州府（今晋城市）住一宿后，即要出太行山、过黄河、经郑州，到达河南南部的赊旗镇。文中如同上述记载一样，每天行程五六十里或一百

茶船驶出鄱阳湖

里即“宿”，都记有“打尖”或住宿的地名和路程里数。

文中还标明，从祁县到赊旗镇经过 19 站，总计陆路 1355 里。

到赊旗镇后，行程全部变为水路，要乘船。从赊旗镇沿唐河顺流而下，经湖北樊城，到达汉口，再南下过洞庭湖，到达湖南西部的益阳县，至此水路基本上走完了。到益阳后，就要进山到湘西产茶的安化地区了。

文中标明，从河南赊旗镇到湖南益阳县，总计水路乘船共 2655 里。

从上述的记载中可以看出，湘西的安化地区是长裕川茶庄采办茶货的主要基地之一。从山西祁县到湖南安化行程水陆路程共计 4010 里，路经晋、豫、鄂、湘四个省，跨黄河，过长江，穿越洞庭湖，这样远距离的行程，所经历的艰难险阻，实在是难以想象的。

近几年来，晋商学术界提出了晋商们曾开辟过一条“茶叶之路”的论点，这条路究竟走哪里？路经哪些地方？却没有一个明确的说法。

在祁县发现的《行商遗要》，终于使我们对“茶叶之路”的路线初步明确了。从祁县城出发，入山进子洪口，经沁县等地，一直到晋城出太行山，这是一条数千年的“古道”，“茶叶之路”就是从这条古道上开启的。

山西晋中的茶庄很多，江南生产茶叶的地方也很多，如两江、闽浙、两广、川贵等省。从山西晋中到上述各个地方，一定还有很多茶路，然而人们只能估计，不能作明确的回答；现在，由于《行商遗要》的发现，我们对祁县渠家茶庄“长裕川”南下办茶、北上销茶的路线明确了。

《行商遗要》的记载，好像画出一幅“茶叶之路”的地图，把从祁县出发到达5000里之外的湘西安化茶区的陆路、水路，以及所经过的村庄、城镇，都清楚地画出来了，是实在的5000里茶运路线图。

全书其余70个小节中，分别对南下采办茶叶、北上销售茶叶都有翔实的记载，并提出必须遵守的规则，其中，包括进入安化山区采办茶叶的准备，辨别茶叶品种和茶叶等级优劣的标准，加工各类茶叶的技术，运输茶叶通过各路关卡的税金比例，运送茶叶使用车、船或骡、骆驼的运费，甚至对伙友们进入安化后在各个茶行所用餐饮的费用是“行”内供给还是自备，均有规定。

晋商中有很多久负盛名的跨省、

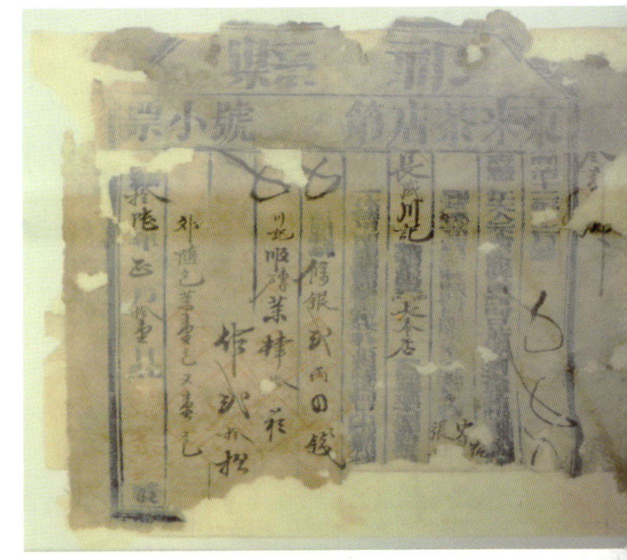

祁县东来茶店致长盛川运货单

长裕川茶庄伙友

跨国的大商号、老字号，如大盛魁、复盛公、大德通、大德诚、志诚信等等，但要找到上述商号的一本完整的账簿，或当时经营活动的原始记录，实在是太难了。

今天我们见到的《行商遗要》，就是大名鼎鼎的渠家茶庄长裕川的行商“遗要”，是长裕川南下办茶、北上销茶的原生态记录。从“遗要”中可以看到，茶路之遥远，办茶之艰辛，行商之复杂，外出之风险。

而走上这条茶路的人，从“遗要”中可以看出，他们不是一批普普通通的商人、不是光为谋取利润而奔走的商人，他们是一批具有高尚道德的人、他们是一批具有深邃远见的人，他们是有耐力、有胆略，既善良又刚强，为繁荣我国南北经济，为摆脱落后贫困而敢于冒风险奔走数千里、数万里的人。

曾见一些有关晋商的论著中，认为晋商中很多成功的商人大都是儒商。不错，撰写《行商遗要》的人，按照《行商遗要》办茶、销茶的长裕川的伙友们，就是一批儒商。

在这个《行商遗要》中，至少有两处写着这样的话：“为商贾，托天理，

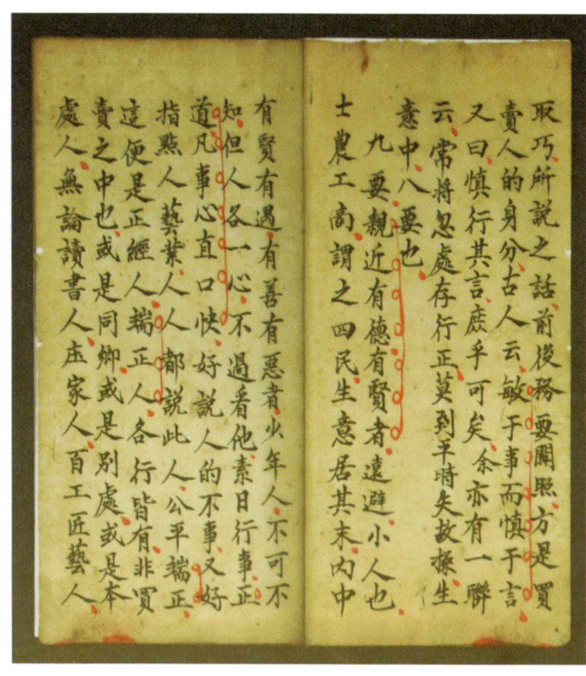
取巧所說之話前後務要關照方是買
賣人的身分古人云敏于事而慎于言
又曰慎行其言庶乎可矣余亦有一聯
云常將忍處存行正莫到平時失故操生
意中八要也
九要親近有德有賢者遠避小人也
士農工商謂之四民生意居其末內中
有賢有愚有善有惡青少年人不可不
知但人各一心不過看他素日行事正
道凡事心直口快好說人的不事又好
指點人藝業人人都說此人公平端正
這便是正經人端正人各行皆有非買
賣之中也或是同鄉或是別處或是本
處人無論讀書人庄家人百工匠藝人

《触目惊心全集 · 生意训言》

普洱茶饼 · 茶马古道

常存于心。不瞒老，不欺幼，义取四方。”“义”者，事之宜也，即为儒家的“仁、义、礼、智、信”，他们经商的要旨是“见利思义”、“以义制利”，绝不是那些“见利忘义”的人。

从《行商遗要》中可以看出，长裕川的伙友们，从清代嘉庆末年就开始到湘西安化地区采办茶叶，这个《行商遗要》大概是民国初期写成的。

从嘉庆末年到民国初年，即公元19世纪初期到20世纪初期，说明长裕川茶庄到湘西安化等地区采办茶叶，至少有100多年的历史了。

另外，闽东北武夷山的大红袍茶、闽南安溪的乌龙茶、云南的普洱茶等名茶产地也应该是长裕川的采办之地，《行商遗要》中无记载，也许是《行商遗要》的“遗要”，我想以后可能会发现的。

他们靠什么力量坚持了100多年，逐渐开辟了一条长达5000里之遥的茶叶之路？他们怎么能同湘西等地的茶农和茶行的苗家人友好相处？

他们怎么能同一方说着祁县话、一方说着苗家语的人相互来往交流？他们靠什么能在驿站、能在码头、能在安化等地的深山老林里得到支持帮助？

这么漫长而艰辛的100多年中，他们是怎么走过来的？

他们是靠道德、靠诚信、靠善良、靠坚强的毅力和卓越的远见，才逐渐开辟了一条同“丝绸之路”一样的“茶叶之路”，成就了一批山西有名的茶庄，成就了一批富可敌国的茶客老板！

中国是个文明古国。英国科学家李约瑟在他的《中国自然科学史》中说，上古时代中国就有火药、指南针、造纸、印刷术等四大发明于世，后来又有数以千百计的科学发明。多少年来，中国堂堂正正地挺立在这个地球上，中国人骄傲，外国人敬仰。

中国古代曾出现过不少经商致富的大商人，看看他们的行事之道，对于探索晋商的道德渊源大有裨益。

范蠡

例如孔子的得意门生子贡（即端木赐）就是大商人。在《论语》中他和孔子谈“温良恭俭让”、谈“己所不欲，勿施于人”。然而他也很会做生意，因而积累了很多财富，所以“国君无不分庭与之抗礼”。孔子称他“亿则屡中”，就是说他看中什么机会就经常成功。

再如曾帮越王勾践灭吴的范蠡，他担任了越国上将军，可当他看出越王可共患难而不能共富贵时，便离越赴齐经商成为巨富。齐王请他为相，他说“此布衣之极也，久受尊名不详”而不肯接受，将家产散给乡亲朋友，自己又到定陶经商做生意，在 19 年中“三致千金”，又分散给贫苦亲友。因此，后世称他为“神商”，“陶朱公”也成了富翁的代名词。

再如猗顿，原是鲁国一个贫士，听说陶朱公很会赚钱，便去请教，听了陶朱公的话，他便来到山西运城大畜牛羊，兼做盐务生意，结果 10 年后发了大财，积攒了“可比王公的财富”。因此，后来将猗顿所在地称为猗氏县，猗顿也是最早的晋商。

再如，“弦高犒军”的故事，大意是：郑国富商弦高在经商路上遇到前来攻打郑国的秦军，弦高就假装自己是郑国派出的使者，以十几头牛来犒赏秦军，以缓滞秦军奇袭，同时又急忙派人回国通报，结果郑晋联合大破秦军。事后，

渠本翘

乔致庸

郑襄公要厚赏弦高的救国之功，弦高却说他用的是诈术，“诈而得赏，则郑国之政废矣。为国而无信，是败俗也，尝一人而败俗，智者不为也”。这些故事，对后人均有启迪。

这里要特别提到的是，明清以来曾在中国商界称雄约500年的晋商巨擘富贾，如祁县渠家的“旺财主”、“渠半城”及近代山西民办企业家第一人渠本翘，乔家堡的“乔在中堂”和榆次常家的常麟书、常赞春、常旭春等，堪称儒贾融汇、商界先仁，他们的爱国精神、节俭勤奋、明理诚信、精于管理、勇于开拓的经商理念、道德文化，并不亚于古代的著名巨商。

古代商人群体中有官商勾结、欺行霸市、商业贿赂、坑蒙拐骗等等不良行为，与晋商的文化道德行为更是羞于伦比了。

《行商遗要》手抄本的发现，是山西史学界一件幸事，也是探寻“万里茶路”的开端。对这一长期淹没在民间的原始记录手抄本，我虽有幸早得一读、粗略浏览，写了上面这些内容简介及感想，但要认真地解读它、剖析它、研究它，尚待有志于发掘研究的各位晋商史专家和省内外关心晋商史学者的努力了。

三、百年老店长裕川的经营特点

长裕川茶庄，由祁县渠氏家族第十五代渠映潢创办于清乾隆年间。地点在祁县城内段家巷，现遗址保存完好，整座大院占地2039.73平方米，共有房屋66间，暗寓“六六大顺”，三面临街，院墙高耸，俨然一座城堡，其院内大型青石浮雕更是罕见。2006年5月被国务院批准为国家级重点文物保护单位，是目前我国少有的大茶庄遗址。

长裕川茶庄早期在福建武夷山贩茶，中期转入湖南安化，后期开辟了湖南、湖北交界地的羊楼洞、羊楼司茶山。在汉口、长沙、南昌、扬州、十二圩、上海、成都、西安、张家口、绥远、天津等地设有分号 11 处。总号设在祁县城。总共有店员 100 多人，仅总号就有店员 20 余人。经过多年的摸索经营，基本形成了收购、加工、贩运、批发一条龙的经营体制。加之一整套“以人为本”的股份制经营管理机制，长裕川茶庄的生意越做越大，在满足国内市场需求的同时，通过洋庄打入俄国、英国等欧美市场。获取的利润越来越高，据说，极盛时，每箱茶竟获利二至七两白银。每个账期，每股可分红白银七八千两，按当时的 20 股计，分红总额在十四至十六万两白银。

长裕川茶庄伙计王载赓遗留的《行商遗要》手抄本，为我们研究长裕川经营特点提供了难得的史料。从这本史料分析研究“长裕川模式”，可以概括为以下三个特点。

首先，以市场为导向构筑茶叶营销网络。长裕川茶庄的总号设在祁县城内段家巷。在全国各地设有 11 个分庄。分庄以批发经营为主。设在长沙的分号，除做湖南的批发生意外，对了解掌握茶叶产地市场信息起着十分重要的作用。故而配备的店员多达 10 人。汉口分号至关重要。一方面全权负责对洋庄的外贸生意，成为长裕川对俄、英等国贸易的窗口；另一方面，负责北

祁县街景

上水陆两路的发货业务。为满足国内市场需求，长裕川还在江西的南昌，上海，江苏的扬州、十二圩，陕西的西安，四川的成都，天津都设有分号。天津分号，在光绪二年（1876）后，成为轮船运输的重要中转站。从汉口运去的大量茶叶，经天津运往东西两口，成为长裕川海上茶路的中心。十二圩分号，在后期经营淮北盐的大业务中，占有十分重要的位置。

长裕川祁号同人合影

长裕川这些设在长城内外的营销网络，不仅成为占领国内外茶叶批发市场的桥头堡，而且成为了解市场信息的神经中枢。

其次，以质量为核心打造茶叶品牌。长裕川茶庄经营茶叶，视质量为生命。单从湖南安化办茶而论，首先注重茶叶的产地。《行商遗要》手抄本对产茶地有准确评价：“安化一都三都之茶甚佳，二都五都次点，四都更次，四乡不佳。文墨出于一都耳。”尤其意味深长的一段叙述，更能看出长裕川人的办茶理念：“遗嘱，我号买黑茶，首重地土归正，择选产户潜心之家。预闻留心上年未摘子茶之货，必根条柔气、精力沉重，油水、色气、香味种种皆佳，内外明亮，满碗俱青。此茶用心切买。思维前辈老板，创业招牌艰难，历年已久。宜深审辨，勿惜价而弃也，戒、戒、戒！”

前期办茶，基本上是用竹篓装散茶。随着市场的拓展，根据客户的不同需求，逐步改进包装，发展到箱装、罐装、盒装。比如，批发给外商的红茶、花茶，用的是盒和铅筒包装，为的是长期保持茶香。后期，则进一步按照市场需求，发展到加工有型茶，不仅方便了运输和用户，而且降低了运输成本。长裕川茶庄加工的型茶分为两种：一种是千两茶，也叫三和茶，呈圆柱形，每块重量 62.5 斤（折合旧秤 1000 两），内包装为纸，外加树棕防潮湿，外包装为竹编篓。据《行商遗要》手抄本载："予旧号三和，齐嘉庆末年来安采办黑茶……"说明长裕川老号，在嘉庆末年开始到湖南安化采办黑茶，并以"三和"打造自己的黑茶品牌。据说，"三和"是寓意天时、地利、人和。可见用心良苦。据考证，"三和茶"就是"千两茶"，因每棒茶重一千两，故称"千两茶"。后又加工制作一种小型长方体型茶，形似砖块，故叫砖茶。长约 26 厘米，宽 18 厘米，厚 1.6 厘米。用铜制模，茶的上面压制有"长裕川茶庄"字样，下面压制有俄文。这两种型茶，在蒙古及俄国市场久负盛名。

第三，从茶到盐，开创多元化经营。祁县渠家长裕川茶庄，从清代中期创办，至民国二十年（1931），专营茶叶达 150 余年。民国二十年开始经营食盐。由江苏淮北盐场起运，沿长江运往江西、湖北、湖南等地。并在汉口花费 40 万元购置码头大型仓库一座，用于储藏食盐和兼营仓储业务。同时，与太谷县的王岐山合办夏布庄。从四川的成都、重庆、隆昌、荣昌等地进货，运往上海、北京、青岛等地行销，甚至远销朝鲜、蒙古等国。山西晋商文化博物馆职工陈春凤手中有一本民国二十一年二月北平长裕川售货总账（残缺）

安化千两茶

安化砖茶

安化砖茶

17 页，记录了民国二十年批发夏布的账目，批发业务商号有王兴成、永顺昌、忠信公、长泰石、东开祥、泰和、同源兴、恒丽东、聚盛祥（高丽营）、晋源兴（遵化）、谦和信（长辛店）、德义祥（顺义）、福聚泉（热河）、少泰祥（三河）、兴隆厚（清河）、亨元德（昌平）、丰盛隆（大同）、裕泰恒（房山）、裕庆增（张家口）丽生工厂等 85 个商号和工厂。足见当时长裕川经济实力之雄厚。长裕川人诚实守信，以义制利，主动协调买卖关系，坚持以理服人的儒家风范，对维持产地茶叶批发市场秩序，促进茶商、茶行、茶农的和谐团结，做出了显著贡献。

在长达 150 余年的茶叶专营中，长裕川人不仅创造了巨额的利润，也将国家级历史文化名城——山西祁县辉映得美轮美奂，更让渠家大院——一座以晋商文化为主要陈列内容的博物馆锦上添花。一边是中国首家研究晋商文化的博物馆渠家大院，一边是百年老店长裕川茶庄，在两者的相互辉映中，谱写了晋商文化的又一个传奇。

渠家戏台

第六章

流通南北　以商带产

山西茶商以明代茶马互市为发端，至清代日渐兴盛，成为国内主要茶叶商帮之一。晋商在武夷山等茶叶主要产区采茶、制茶，并将加工后的茶叶运销到西北茶市，实现了一体化的经营方式，促进了国内及国际茶叶贸易的发展。随着茶叶贸易的兴盛，在晋商采茶的地区形成了以茶叶生产、加工及包装一体化的地区生产格局，极大地促进了当地经济的发展，山西茶商也因此获利，二者在茶叶贸易中形成了良性的互动机制。

中俄恰克图贸易开通后，山西茶商贩运茶叶的数量增加，遂自己建立茶叶生产和加工基地，以确保供应而且节省费用。

第一节　山西茶商的经营方式

晋商从事茶叶贸易活动，一般采用的是从茶叶采购、加工包装到运输及销售一体化的经营方式。尽管茶商不直接参与茶叶生产，但经过销售实现了茶叶的价值，而且经其加工、包装给茶叶带来了一定的附加值，因而这种经营方式有别于传统长途贩运中贱买贵卖单一的商品流通方式。晋商通过扩大产业链，将产、供、运、销的整个产业链统筹运作的方式使商业资本与产业资本融合，同时实现了商业资本向产业资本的转化，这也是山西茶商经营中的一大特色。

关键词：收购　加工　运输　销售

一、茶叶的采购

在这一环节中，山西茶商与茶农、茶行的关系甚为密切。其收购茶叶主要采取两种形式：一是茶商到当地购茶，先投至当地茶行，由茶行派人同茶商一起看茶定价，茶行负有引导评价之责，并分别向茶农、茶商收取佣金；二是茶商在茶叶产地开设分庄（或称子庄），由茶号派人进山直接购茶，议定价格后，送毛茶（毛茶就是茶农采摘后简单加工而成的茶叶）回茶号，经加工精制后制成砖茶或其他成茶出售。湖南安化以黑茶、红茶闻名，茶商在安化办茶方式略有不同：采办黑茶，是由茶商到茶户家中收买，之后送回本号加工后制成砖茶或花卷，转销口外；采办红茶，则由茶号

晒毛茶

羊楼洞茶园

在当地开设子庄收购毛茶，随后送回茶号加工打包，运往汉口售予洋庄。在《祁县茶商大德诚文献》中，记载了祁县茶商在安化的办茶过程：

其一，在进山办茶前做好准备工作，“先要择点应用什物家倨器皿以及篾器、木器……再要择选（茶）行内先生、管楼、管厂、管行人等”；

其二，要从色、味、形等方面辨别茶的真伪，“重条紧、色顺、纹直、沉重、味佳、外乌油色，内朱干色，必是安化正路茶”；

其三，注重茶叶质量，绝不以次充好，申明“勿惜价，贪便宜，岂有好货”。

茶商不仅在各茶区办茶，而且注重开拓新的茶区，为其采购开辟茶源。咸丰年间，因红茶需求旺盛，“晋皖茶商，往湘经商，该地（现湖北蒲圻县、崇阳县与湖南省临湘县交界的羊楼洞、羊楼司一带地区）为必经之路，见该地适于种茶，始指导土人，教以栽培及制造红绿茶之方法”。很快，羊楼洞、羊楼司一带形成著名茶区，并成为茶商的定点采购基地。仅山西茶号王玉川、巨盛川到鄂南羊楼洞设庄制砖茶，每年就可生产砖茶近八十万千克，其后祁县乔氏设立的大德兴茶庄、榆次车辋常氏开设的茶庄也纷纷在此地开发不毛，买山植茶，并鼓励和指导当地山民种茶，当地农民也因之温饱。至“光绪初年，茶叶贸易极盛，经营茶庄者，年有七八十家……当时尚用土法制造，有砖茶厂十余家，统由山西帮经营”。

二、茶叶的加工

由明至清，制造茶叶，习俗相沿。一般是由茶农随采随制，经过简单加工后，售于茶行或茶贩，再转运各地。俟五口通商，茶叶出口大增，国际市场对茶叶的品质要求不一，茶商遂购得毛茶后再加以重制，经过精心包装之后再行销售，不仅使茶商获利，且市场需求旺盛，故此种茶叶加工方式在各茶区广为流行。

茶叶加工工序十分繁复。近年在美国皮博迪·埃塞克斯博物馆发现了 19

手工拣茶

世纪 30 年代由广州画家所绘制的线描作品，其中有 18 幅是当时制作茶叶的绘画，依次为：筛茶、踩茶、搓茶、晒茶、猴子采茶、斩茶、渡茶、装茶、舂茶、拣茶、试茶、托茶、分茶、整茶饼、号茶箱、装茶、炒茶、洒水。尽管上述制茶过程似有颠倒，但当时手工制茶工序之繁、耗费之多，可见一斑。茶商多雇用当地人在其所办茶场（为手工工场）中制茶，进行连续性生产：从毛茶到产出成品，一般要经过踹、拣、焙、筛等多道工序，每道工序都有严格的规定；在茶叶出号前，还要对成茶进行包装。洋箱茶用锡罐或铅桶，外裱以板箱，平均每箱可装茶 50 到 70 斤不等，口庄茶由篓袋盛贮或“带篾包箱”。据《祁县大德诚茶商文献》记述，祁县茶商在安化设场制茶，场中以茶工人数最多，有拣工、筛工、踹工等区别，且工钱不等，“黑茶每帮踹手八人，掌冲打吊二人，踹手每工钱一百六十文，打吊每工钱一百文。帮踹人八名，每人工钱六十文……（筛工）每日大工钱一百二十文，有一百四十文者，不一”。此外，还有篾工、裱工、铅匠、锡匠等。可见当时茶场规模少则数十人，多则成百上千人。“在湖北省之羊楼洞，山西茶商每年常设立临时办事处开设工厂，该地数千农民及其家族从事制造砖茶”，“厂房率多宽敞，公事房、制造室、打包间应有尽有，最大者能容二千人”。茶场的繁荣促进了茶市的兴盛，湖南平江“茶市方殷，贫家妇女，相率入市拣茶……拣茶者不下二万人，塞巷填街，寅集酉散，喧嚣拥挤”。可见，茶商雇工制茶，一方面带动了当地茶叶生产的发展，给当地农民带来生计，另一方面也带动了相关手工业的发展。

手工炒茶

三、茶叶的运输

清代茶商经营茶叶主要是将茶叶运至恰克图与俄商贸易为主，同时兼营与蒙古、新疆等西北地区的茶叶贸易。他们从茶产地始，水陆兼程，贯穿数省，栉风沐雨，跋山涉水，奔波数千里方能抵晋，再行万里经恰克图输入俄国及欧洲腹地。晋商茶叶贸易按区域不同分为：对库伦、恰克图的“北路”贸易，赴新疆、伊犁、塔尔巴哈台的“西路”贸易，赴东北边陲与俄贸易及越界赴伊尔库茨克、涅尔琴斯克、圣彼得堡和莫斯科等地贸易。概括而言，其贸易路线为：北路由东西两口经库伦（大同至张家口经库伦，或从右玉入内蒙古归化至库伦）再至恰克图；西路由归化出发经百灵庙至漠北赛尔乌苏、布彦图、乌里雅苏台、科布多再分别至塔尔巴哈台、古城及乌鲁木齐；东路（进入东北边陲）由张家口经多伦诺尔，通往漠南锡林郭勒、察哈尔、昭乌达、呼伦

晋商老照片

贝尔、漠北喀尔喀蒙古车臣汗部、土谢图汗部。

山西茶商在没有现代交通工具的条件下运输茶叶，遇水路，雇船装之，遇旱路，则赖马、牛或驼载之。若雇船，须船行至岸后再付讫运费，并另付运货上船及下船的小费；若雇车马，则“脚价涨吊不等”，有每千斤四五十两及十三四两不等之行情。茶商在分别估算运费、比较高低后再行运输。陆路运输中晋商多采取“托运”方式，其特点为：运输费用一般分两次付清，雇车驼时，先预付大部分费用，余者在到埠后再行给付；若延误货物到埠，车驼帮负责赔偿；凡途中所遇关卡，由山西茶商自行纳税。据文献记载，祁县茶商运茶须经过赊旗镇，当时赊为陆路转运码头，“百货皆聚”，为确保按期到货，与当地运商建立了“回票”制度。“光绪二十三年（1897）合行公议发货日期新定章程：郭、汜……汝州、禹州马车脚价付九欠一，以十天为期，二十天见票，误期每车罚银八两；会镇马车限十六天送到，三十天见票，误期每车罚银八两；汝州、禹州牛车每辆欠银三钱，限十二天送到，误期每车罚银二千……”上述运输方式较随行随雇安全方便，且有保障，因而极大地促进了陆路运输。

四、茶叶的销售

晋商在经营茶叶的各环节都投入了大量资金，其中主要包括采购成本、加工成本、运输成本、货物保管成本及途中货物损失带来的成本等，即“一分贸易，四倍资本”。这些大量的先期投入和经营利润的实现都需要在茶叶销售这一阶段实现，因而销售环节尤为重要。山西茶商销茶共分两大类，即外销茶和内销茶。外销茶主要有红茶、砖茶、帽合茶等，

千两朱兰茶

"中国红茶、砖茶、帽合茶均为俄人所需，运销甚巨。此三种茶，湘鄂产居多，闽赣较少，向为晋商所运"。此外，安徽建德所产之"千两朱兰茶，专由茶商由建德贩至河南十字店……专贩与向走西疆之商，运至乌鲁木齐、塔尔巴哈台等处售卖"。俄人不习此茶，再由俄商输往欧洲及其他国家。内销茶为砖茶、花卷、皮包茶等多个品种。汉口在清中晚期，一直是繁华的商业重镇，有"九省通衢"之称，也是砖茶制造、出口和红茶外销中心。茶商在汉口分为红茶、盒茶和卷茶三帮，经营着红茶、三九砖茶、三六砖茶、二四砖茶、天尖贡茶、千两花卷茶、合茶、皮包茶等名目的茶货。

晋商在茶叶销售中经历了两个阶段，即垄断西北及对俄陆路茶叶贸易的茶叶卖方市场阶段和五口通商后外茶充斥茶市的茶叶买方市场阶段。在恰克图市场开通后，由于俄国及欧洲其他国家对茶叶的大量需求，使晋商盈利空前。茶商从陆路运至恰克图的茶叶销售额由 1800 年约 280 万卢布增至 1843 年的 1240 万卢布，增长了近四倍。至 19 世纪七八十年代，茶叶出口区域扩大，茶埠增多，"厥后泰西诸国通商，茶务因之一变。其市场大者有三，曰汉口，曰上海，曰福州。汉口之茶，来自湖南、江西、安徽合本省所产……其输至俄罗斯者皆砖茶也。上海之茶尤盛，自本省所产外，多有湖广、江西、安徽、浙江、福建诸茶。……此三市场外，又有广州、天津、芝罘三所，洋商亦麇集焉"。由于印度、锡兰、日本等国所产外茶的冲击，使茶叶市场的供给大于需求，

茶庄广告印版

晋商茶叶筒

洋商对华茶的品质便提出更高的要求，因外茶与华茶相比具有价廉质优的优点，从而迫使华茶不得不降价销售，导致业茶者利微。茶商由于失去垄断恰克图贸易的优势，且陆路运输成本颇高，其茶叶贸易开始陷于低谷。从1871年输出茶叶202184担，降到1893年的53541担。此后数年，经晋帮输出之茶，徘徊于三五万担之间，至1905年俄国西伯利亚铁路全线开通后，山西茶商经营维艰，趋于衰败的边缘。

上述四个环节表明茶商经营茶叶贸易，从采购原料加工包装，一直到长途运输批发零售，实现了一体化的经营方式。这四个环节既相互独立，又密切相关，四者互为前提，互为条件，互相促进，构成了茶叶贸易活动的整体。晋商由到茶产地购茶向到茶区设厂制茶的转变，表明了商业资本向产业资本的转移，经历了从间接控制到直接经营的发展过程，反映出商业资本对茶叶生产的控制、支配的进一步深化。然而，由于其所处时代的限制及其经营中的缺陷，使晋商在与外商竞争中不可避免地处于不利地位。

这四个环节构成了茶叶贸易活动的整体，也给晋商带来了丰厚的商业利润，积累了大量的资金，在一定意义上成就了晋商的辉煌。

第二节　山西茶商的经营利润

本节以清代茶商的有关资料为例，结合相关文献记载，以交易费用为标准对其经营环节及盈利状况加以分析与估算，并从其内在制度中分析和介绍。

关键词：经营利润　经营绩效　连锁效应

一、茶商经营利润分析

经营利润是指在某一经营周期内，通过对投入资金的使用所获得的收益。茶商的经营利润就是指销售茶叶所得收入抵付从购茶、制茶到运茶、销茶各环节中的全部支出后的余额。为便于核算，将茶商支出分为成本、费用两类，其中成本类主要包括采购成本、制茶人工费、包装材料及包装费、运输费用、仓储保管费等，费用类主要包括在茶叶运销中所交纳的茶税、厘金、关税、落地税及各项捐税等诸多支出。因而其利润可由下述公式计算：

茶商经营利润 = 销茶收入 –（采购成本 + 制茶人工费 + 包装支出 + 运费 + 货物保管费 + 茶税 + 厘金 + 关税 + 落地税 + 各种捐税支出）

1. 采购成本

即茶商采购毛茶所需资金。茶商采购毛茶一般采取通过茶行购买或直接向茶农购买两种方式。茶商如通过茶行买茶需向茶行支付佣金，此外，茶商向茶行租借竹、篾器具的支出也计入此项。 由于茶叶产地不同，茶叶品质各有高下，茶叶（毛茶）收购价格相差悬殊。一般而言，粗茶或次茶的收购价为每担三两上下，若上等茶或精品茶则其收购价为每担十余两。在《祁县茶商大德诚文献》中，虽无确切记载，但在《桃源买黑茶规估迭安化价码》一节对安化黑茶却有估价："假如安化时价本三堆每包实银一两六钱零七厘四"，而一包茶约为二十六斤。因三堆茶为中等茶，由"上二堆、正二堆、次二堆、正三堆、三堆、次三堆"各相差四钱五厘推算，每担（一担为一百斤）上等茶收购价约为 11.37 两，中等茶约为 6.18 两，劣等茶约为 2.72 两。

2. 制茶人工费

即毛茶进号加工为成品茶所支付给茶工的工钱，还包括伙食费、茶师工费、路费、点心费等开支。

3. 包装费

茶叶制成后需打包包装后再行销售，因而所需箱、桶、罐、篓均计入此项，此外，请工匠制箱篓费用及包装用纸张竹木也列入此项。

4. 运输费

从茶叶产地运至销地分水旱两路，故运费主要包括雇船费用和雇车费用两项。此外，茶叶上船、车的搬运费也计入此项。

5. 货物保管费

也称栈力费。即运茶途中停歇向客栈支付保管货物的费用。

6. 茶税

清代茶政实行茶引法，茶商领引办茶，按引纳课。引课在茶价中扣除。清初茶引课额不等，有征一钱之余，也有征一两之余，俱按产地不同而异。到了道光、咸丰年间，由于财政需要扩大，除仍征茶正税之外，还增加了茶厘、茶捐等项，加重了茶商的负担。其中茶厘为厘金的一种，为清后期开征税种，分为坐厘、行厘两种。茶商主要交纳行厘，即通过地厘金，从茶产地到张家口，一路经过厘卡约计数十处，且重复征收，使山西茶商深为所累。

茶壶

茶叶包装纸

7. 关税

包括常关税、海关税两部分。常关税即清政府在水陆交通要道、关隘等处，设立关卡，向通过货物课税。关税税率据《户部则例》规定为货价 5% 计征，但清后期各关自定税率，随意课征，在正税之外又有附加，如盖印费、单费、验货费等等。1840 年鸦片战争后，五口通商，清廷始有海关之设置。清代海关税包括进口正税、出口正税、洋药税等项。晋商出口茶叶须交纳出口税。如道光年间，出口茶税银由每担课银 2 两 5 钱，增为每担课银 7 两 8 钱。山西茶商运茶销往恰克图，须持票运销，从张家口到恰克图，不论粗茶细茶，俱按每票一张，缴纳规费银 50 两，待出口交易，还需按每担 4 两之余交纳出口茶税。

8. 落地税

清前期将该税并入关税杂课，同关税一同管理，清后期，该税为厘金的一种，是在出产地和销售地交纳的一项税费。

现根据《祁县茶商大德诚文献》有关资料计算茶商利润。需要说明的是，

◎贮茶楼

有些成本、费用的全部或单项由于资料的欠缺，核算较为困难，只能根据估算而得。另外，由于当时物价波动，使资料数据难免失真，故以祁县茶商从安化办茶运至汉口，以汉口茶价估算这一阶段山西茶商的盈利状况。

表 1 祁县茶商制茶工费与包装工费明细 单位：文/担

类 别	上等茶叶	中上等茶叶	普通茶叶	低等茶叶
筛工工钱	2275	2092	1745	1110
踹工工钱	552	552	480	480
拣工工钱	1930	1017	653	507
包装箱费及工钱	362	362	362	362
其余开支	300	300	300	300
各项合计	5419	4323	3540	2759

资料来源：史若民、牛白琳：《平祁太经济社会史资料与研究》（山西古籍出版社，2002 年第 1 版）中《祁县茶商大德诚文献》。

注：引文原文中上等茶各项合计为 4423 文，属计算错误，文中引用做了修正，以下的相关数据也做了修订。

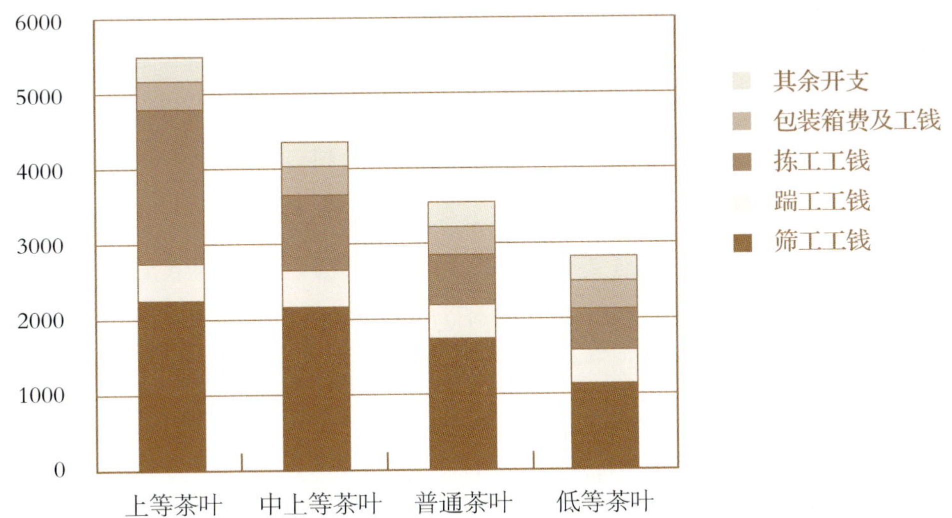

以一两可以兑换 1650 文计算，上等茶叶制茶及包装等需银 3.28 两，中上等茶叶需银 2.62 两，普通茶叶需银 2.14 两，低等茶叶需银 1.67 两。见表 2。

表 2　安化茶叶销至汉口的成本利润明细表　单位：两 / 担

类　别	上等茶叶	中上等茶叶	普通茶叶	低等茶叶
汉口茶市售价（分 a、b 两个时期）	a.40 b.20	a.30 b.15	a.15 b.10	a.10 b.6
安化毛茶成本	11.37	8.76	6.18	2.72
制茶工费与包装箱费及工钱	3.28	2.62	2.14	1.67
运费（即水脚费）	1.40	1.40	1.00	1.00
厘金	0.41	0.41	0.41	0.41
关税及各项捐税	1.7	1.7	1.0	1.0
各项成本及费用合计	18.16	14.89	10.73	6.8
利润（也分为 a、b 两个时期的利润）	a. 盈利 21.84 b. 盈利 1.84	a. 盈利 15.11 b. 盈利 0.11	a. 盈利 4.27 b. 亏损 0.73	a. 盈利 3.2 b. 亏损 0.6

资料来源：史若民、牛白琳：《平祁太经济社会史资料与研究》（山西古籍出版社，2002 年第 1 版）中《祁县茶商大德诚文献》及姚贤镐：《中国近代对外贸易史资料》（中华书局，1962 年版 第 2 册，第 1265 页）。

表中 a、b 分别表示茶叶价格高涨和跌落时期。两时期的利润分别是从销售价格（销售收入）中扣除各项成本及费用得出的。从表中可以看出，在茶叶市场兴盛时期，茶价较高，茶商获利丰厚，利润率为 47%~120%，到了茶叶市场低迷时期，茶价下跌，利润率为 0.7%~10%，甚至亏损。

二、茶商经营绩效的评价

如前所述，晋商经营茶叶采用的是从采购原料到加工生产再到运输销售的“纵向一体化”生产经营方式。由于在各环节中晋商交换方式不同（在生产环节，是人与生产要素的交换过程；在其他环节，是人与人的交换过程），我们将晋商在经营茶叶中的不同环节分为两部分：一部分是在企业内部，即从毛茶入号，经踹、拣、焙、筛等工序到成茶经包装出号的加工环节，茶商需组织生产要素（原料、人工、设备等）进行生产，付出转化费用和交易费用，转化费用与交易费用之和等于生产费用，在此环节中主要是以能否节约生产费用、降低生产成本，实现利润最大化为其经营绩效的评价标准；另一部分是在企业与市场间，即采购、运输、销售环节，晋商与外界市场发生密切联系，需与原料供应商、运输商、经销商建立契约。由于契约与交易费用是孪生的，不同的契约形式具有不同的控制和激励功能，在经济绩效上有不同表现，因而“交易费用——契约形式选择——经济绩效”是考察经济组织效率的框架。在此，我们引入交易费用分析法，衡量晋商的经营绩效。

交易费用是新制度经济学家科斯在分析企业与市场边界时提出的概念，他认为，交易费用是获取准确的市场信息所需要付出的费用，以及谈判和经常性契约的费用。马修斯认为，交易费用与生产费用不同，它是履行一个合同的费用。交易费用常常很难度量，但由于可以观察到交易费用在不同时期的变化，我们可通过对晋商在各经营环节的交易费用定性分析并加以比较，评价其经营绩效。基于以上认识，现对晋商在经营茶叶各个环节中的经营效率分别分析，以期解析晋商衰败的内在原因。

纵观晋商在采购茶叶中不同时期的特点，他们与原料供应者建立的契约形式（交易方式）主要有以下三种：第一种是与茶农建立的收购契约形式；第二种是通过茶行进行收购的契约形式；到清咸丰年间，晋商在湖北蒲圻一带买山种茶，从控制流通领域到控制原材料的生产、供应，实现了第三种契约形式。现对三种契约形式（交易方式）中的交易费用分别加以分析：新制度经济学认为，有三个维度影响交易种类和交易费用的大小，即交易发生的频率、不确定性和资产专用性。一般而言，多次发生的交易较之一次交易产生的交易费

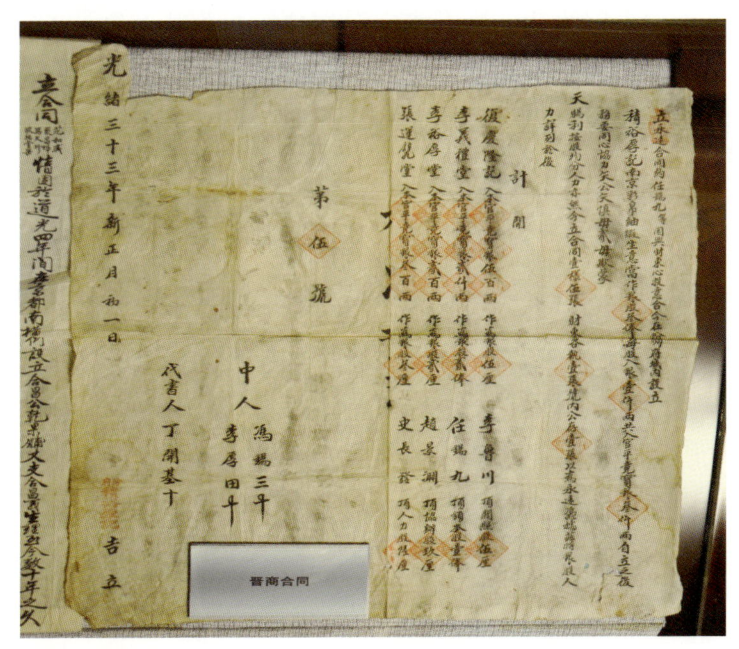

晋商合同

包头福生号茶庄包装纸

用要高，更需要经济组织来保障。在第一种契约形式中，茶商收购茶叶需挨家挨户上门收购，由于茶农居住分散，茶叶产量与茶质参差不齐，交易中的不确定性及多次交易势必导致交易费用相对较高，采购效率较低。在第二种契约形式中，茶行作为茶商与茶农之间的中介，代客收购，并负责茶叶的介绍、评价、过秤，茶行向茶商收取佣金。茶行这一组织的出现降低了前一种契约形式中茶商须与茶农谈判及质量鉴定等带来的交易费用，提高了采购效率。然而在实际收购中，茶行常以高秤收进、多取茶样、付款折扣等方式盘剥茶农，不少茶农则将茶梗、茶末掺入毛茶中，或劣茶掺入好茶，蒙骗茶行，这样在茶农与茶行之间便形成了一种互动的内损机制，最终导致茶商采购成本增高，交易成本仍处于较高的水平。有鉴于此，晋商采用了第三种契约形式，不仅买山植茶，且传授当地人种茶技艺，保证原料的供应和质量，既稳固货源又内化交易费用，并在提高采购效率的同时，使资源得到了有效配置，可以说这是山西茶商在经营中的创新。

由于茶叶生产是以茶农为基本单位，从茶树种植、管理到茶叶采摘、粗

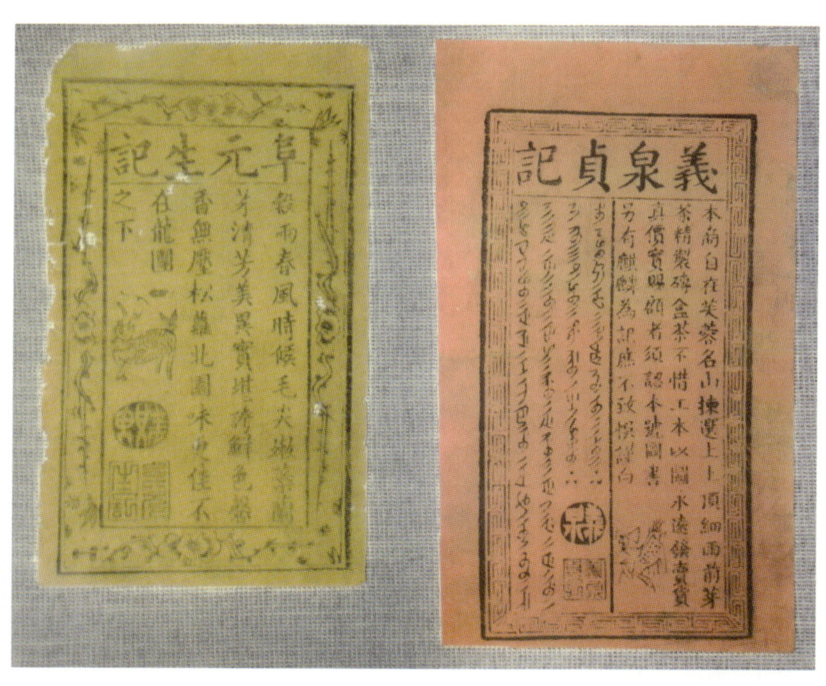

库仑茶庄茶叶广告单

制均由茶农承担。其生产过程便显示出以下特征：其一是种植面积狭小，茶地分散，种茶多在荒山参差之地，如湖南平江，在红茶盛行之时也仅是在“泉流地上，凡山谷闲向种红薯之处，悉以种茶”；其二是粗放经营，因“产茶之家，半属贫民，每岁锄茶树需工，摘茶需工，踹茶需工，拣茶需工……每每入不敷出”，为了节省开支，茶农疏于对茶树的管护和投入。以上特征共同决定了茶叶产量较低且茶质较差。在华茶风靡亚欧大陆，颇受消费者青睐之时，晋商经营华茶的这些弱点还未显现，但到 19 世纪七八十年代后，由于外茶质优价廉，晋商采办之茶在质量、成本等方面均处于劣势，因而在此环节晋商已埋危机。诚如汪敬虞先生指出：“近代中国既没有独立的资本主义大茶园，也没有独立的资本主义大茶厂。茶叶加工制造的承担者，一头是以经营农业为主的小农户，一头是以经营商业为主的茶庄、茶栈。”

诺思认为，将生产要素组织起来生产物品或劳务，要受到制度和技术两方面的制约，在现实世界中，制度与技术都对生产发生作用，故交易费用在生产费用中也扮演重要角色。在茶叶的生产环节中，由于技术是决定企业产出的基本因素之一，并代表着一定的生产要素组合，因而以此考察可见：晋商茶叶加工工厂属劳动密集型，其投入的劳动较多，资本较少，技术水平较低；相对而言，俄商的机器工厂则为资本和技术密集型企业，投入资本较多，劳动较少，技术水平较高。根据生产函数 $Q=\text{Minimum}(L/U, K/V)$，其中 Q 表示产量，L 和 K 分别表示劳动和资本的投入量，U 和 V 分别表示生产单位产品所需的劳动投入量和资本投入量，由于产量 Q 取决于 L/U 和 K/V 这两个比值中较小的那一个，因而晋商产出必定低于俄商。在史料中我们也可清楚地看到这一点。以制造砖茶为例，晋商制造砖茶是用木制平压机，“其压制方法极为幼稚，置茶于蒸笼中，架锅上蒸之，倾入模型中，置木架压榨器中，借杠杆力压之。移时在模中托出，放于楼上。听其自然干燥”。19 世纪后期俄商在华开办制茶工厂，使用蒸汽机制茶，与手工制茶相比，“手压机每日出产 60 篓，有 25 %的废品，而蒸汽压机每日出产 80 篓，只有 5 %的废品，并且因使用机器而节约的费用，每篓计银 1 两，按照以上产量每日即达银 80 两或英金 20 镑”。

晋商加工茶叶一般在茶叶手工工厂（茶号）内完成。他们虽然在当时的茶叶加工中实现了一定程度的专业化分工，但其手工工场与俄商后来建立的机器工厂相比，除了在生产效率、资源配置等方面的不足外，还有以下缺陷：

其一，管理滞后，生产损耗多。仍以制砖茶为例，茶叶性畏潮，又“经火烘炕，其质甚脆”，在茶叶出厂经手工打包装箱时，若“总管司事不亲自监视，任工人尽力复压，其茶碎裂细末极多”，“末多则价必减，是于客商有碍”，而俄商制茶用机器，则无此况。

其二，缺乏工艺创新。在选用原料上，“查中国制造砖茶，向用茶末，以为运销蒙古之用……（俄商）所需原料不仅茶末，而茶叶亦有之，按机器所制之砖茶，较用旧法所制者，坚固异常，而难于碎裂……俟至本期（1872—1881）终时，砖茶贸易遂为俄商所垄断也”。

可见山西茶商以手工工场形式业茶难与俄商抗衡，这是其衰败的原因之一。

在茶叶运输环节中，能否节约运输成本，提高运输效率是评价绩效的关键。在此环节中，晋商受到扩大资本规模和承担无限责任两方面的限制：一方面，晋商在前期已投入大量资本用于茶叶的采购、加工，再投入大量资金承担运输则增加资金周转困难；另一方面，晋商自己承担运输中的无限责任（包括茶叶运输费用、保管费用、途中损失等），风险较高。基于以上两点，他们采用了与运商（如车帮、驼帮）订立契约的“回票”制度，对货物从发货到验货、途中损失的赔偿等均作出规定，明晰各自的权利和义务。由于双方交易规模、交易时间都较为确定，因而不仅降低了交易费用，同时进一步增强了抵御风险的能力。此项制度在晋商垄断恰克图贸易期间为其贸易的增长提供了保障。

由于运输成本至少取决于以下三方面因素：其一是路程的远近，其二是运输商品的特性（如运输粮食与瓷器的运输成本因保管费用不同而有差异），其三是运输工具决定的效率。由于晋商赖以运输的交通工具以牛、马、驼为主，效率低下，尤其在长途运输当中，茶叶的管理费用较高，且损耗较大，因而晋商赖以运输的方式交易费用较高，不利于资源的有效配置。到鸦片战争后，随通商口岸的陆续开放，俄商海路、铁路运输的开通，山西茶商陆路运输成

中国最早的铁路——唐胥铁路

移动式蒸汽机

本高、耗时长等诸多不利因素逐渐显现。加之运输途中，关卡林立，清廷苛征滥派，捐输繁多，加速了山西茶商的衰亡。

在销售环节中，山西茶商销售状况直接与茶叶市场的供求状况密切相关。为便于分析，将晋商茶叶销售分为两个阶段：第一阶段从恰克图互市开通到鸦片战争前，此时由于北部茶叶贸易仅在恰克图等地进行且为晋商所垄断，华茶在市场中占据优势，因而可将此时的市场看作是不完全竞争市场；第二阶段是鸦片战争后到清末民初，此时通商口岸相继开通，茶叶贸易的范围已拓展到多个地区，印度茶、日本茶、锡兰茶等外茶纷纷抢占国内和国际茶叶市场，晋商受到俄商等外商的有力挑战，可将这一时期市场看作是完全竞争市场。

在不同的市场环境中，由于需求水平的变动会引起均衡价格与均衡产量同方向变动，而供给水平的变动则会引起均衡价格的反方向变动。在第一阶段中，由于消费者对茶叶偏好程度的增强，市场需求旺盛，与此相适，晋商等国内茶商纷纷加入到茶叶贸易中，茶叶的供给有所增加，然而由于国内对出口茶叶数量加以限制，使茶叶供给增加的程度远低于需求的增长，表现出茶叶价格与产量均有大幅增长。到第二阶段，一方面由于茶叶市场日趋饱和，消费者对茶叶的品质、口味提出了更高的要求，而国内茶叶在质量、品质、包装等方面逊色于外茶，国际茶叶市场由国内茶叶占主导地位向外茶占据优势转化；另一方面由于生产技术水平决定了厂商以最低成本生产产量的大小，俄商等外商茶厂技术水平较高，生产规模较大，而晋商生产茶叶的技术水平较低，生产规模较小，且要承担采购、加工、运输方式落后及贸易路线漫长、艰险的高成本，他们与外商在同一市场中竞争不可避免会处于不利地位。到 19 世纪 80 年代以后市场需求下降，晋商在残酷的市场竞争中节节败退，从前期盈利逐渐到盈亏相抵最后到了亏损的境地。

通过以上对晋商经营茶叶各个环节的分析，我们可以看出：其一，在鸦片战争前，晋商努力寻找内部制度的改进形式（如在茶叶采购中契约形式的变迁及运输中契约形式的选择），通过降低交易费用，改变企业运行中的相对成本，提高了经济效益；其二，由于后期外部环境的改变，晋商在经营中的绝对成本大大高于与之竞争的俄商的经营成本，加上山西茶商在内部制度的缺陷与在外部环境中所处的不利地位，共同导致了他们走向衰亡的结局；其三，在比较晋商与俄商的经营制度之后，可大体得出晋商的经营制度是一种效率相对较低的制度这一结论，但其在经营前期运转良好，可见外部制度环境对经济组织的经营绩效有着不容忽视的作用与影响。

三、茶商贸易的经济连锁效应

由于贸易额的增大，双方结算的方式不再是以货折银计价，而是出现了现汇交易。长途贩运，商品流转周期长，每周转一次，有时需一年，需社会信贷的融通与支持，以完成长途贩运，故晋商最早设立账局于太原、汾州、张家口、库伦。后又由于白银的长途贩运风险诸大，又出现了票号，在对外贸易规模增大的基础上产生了金融业的创新。

晋商茶叶出口量的增多，带动了相关生产部门的发展，这种商、工合作共同发展的例子，在山西境内的冶铁、颜料、旱烟等行业商人中也多有所见。如：潞州铁锅的出口，带动了当地煤炭业和冶铁业的发展；平阳府由于棉花生产、运销推动了棉织业和丝织业的发展，由于丝绸、棉花离不开染色，从而又带动了蓝靛的种植和颜料制造的发展；旱烟的外销带动了当地烟草种植业的发展，又由于生产旱烟离不开食油和烟纸，因而又带动了榨油业、造纸业的发展。

这种前连锁和后连锁结合起来就构成了一种间接连锁，就可以把整个国民经济各部门全部带动起来，活起来。这正好如向水池内投入一块石子，波纹逐渐波及开来，整个水面就形成了一系列波纹一样。

商业得益于城市的发展，而城市的发展也要以商业为条件。晋商从事数百年的长途贩运、设铺零售等活动，对于各地城镇的兴起和繁荣起了积极的推动作用。

张家口宣化城

归化城（呼和浩特）是通往蒙古草原和新疆的商业孔道，拥有大量富商大贾。但在清初，归化城还是城池狭小的一个小镇。随着时间的流转，康熙三十五年（1696）十月十三日，康熙围猎，驻归化城时，该城已经发展成为“商贾丛集”。之后，因“自开杀虎口，迄今数十年，商贾农工，超负贸易，内地民人，难以数计”，城池显得十分拥挤，于是开始扩建归化城，至乾隆二年（1737），建成“周一千九百六十丈，高二丈四尺，底宽三丈五尺，顶宽二丈三尺”的土城。城内建“将军、副都统、官员等瓦房三千八百三十间，土房一千六百五十三间，兵士土房一万两千间，铺面房一千五百三十间”。至清末，归化城商行达 15 类，计有皮行、酒饭行、肉行、药材行、纸行、百货行、铁业行、木材木器行、油漆行、当行、钱行、票号行以及理发、修鞋和缝纫行，

归化城

库伦

恰克图

可谓上至绸缎下至油盐无所不有。

恰克图地处蒙古土谢图汗部北境、色愣格河东岸中俄分界处，其地初为荒野，自雍正五年（1727）作为中俄互市之地，晋商云集，市肆喧闹，“商业茂盛，道路平坦，人口三千，南走库伦八百里，贸易品以茶为大宗”。成为中俄贸易中的一颗明珠。

张家口原是一片荒野，“自隆庆五年北虏款贡以来，始立市场”。入清后始为“南北交易之所，凡内地之牛马驼羊多取给于此，贾多善右人（山西人），率出口以茶布兑换而归，又有直往恰可图地方交易者，所货物多为紫貂猞猁”。据《清季外交史料》记述，当年张家口有山西帮茶商百余家，其中以长裕川、长盛川、大玉川、大昌川等四大“川”字号最著名，乾隆时张家口已发展成为“塞上商埠”、“塞上皮都”。

太谷老城

库伦（乌兰巴托），“康熙年间，有山西商人来此经商，共有十二家，当地商会之组织，即为十二家各举一商董，称为十二甲首”。直至咸丰时，从东营子到西库伦的广大地面商号皆为晋商开办，使库伦成为蒙古地区的商业重镇。

山西太谷县在明初尚是“土瘠民贫，俗尚勤俭，幕学力田，淳厚不奢”的地方，明中叶

太谷老城

平遥古城

以后太谷人勤于贸易，随着票号业的兴起，太谷势力“东北至燕奉蒙俄，西达秦陇，南抵吴越川楚，俨然操全省金融之牛耳”。故人称“金太谷”。城内东街，铺面林立，路面全用条石铺就，城中央是高耸入云的鼓楼，沿街小巷到处是深院高楼，大宅院均有漂亮的门楼，结构、装饰各异，进了太谷城俨然进入一座中世纪的城堡。

山西平遥县城中“廛肆纵横，街衢皆黑壤，有类京师，盖人烟稠密之故”。城内因集市贸易而筑有市楼，这种市楼在国内很罕见，市楼建筑准确年度不详，据说建于康熙年间。从宏伟高大的市楼建筑中不难看出当时商业之繁盛。

此外，流传久远的“先有复盛公，后有包头城”、“先有晋益老，后有西宁城”、“先有山西曹氏商号，后有辽宁朝阳县”之说，均说明晋商对当地城镇的兴起和繁盛起到了积极的推动作用。

主要参考书目

成艳萍：经济一体化视角下的明清晋商[M].北京：科学出版社.2013.

冯改朵、刘建生等：西口研究——以杀虎口为中心[M].太原：山西经济出版社.2012.

刘建生、燕红忠、张喜琴等：明清晋商与徽商之比较研究[M].太原：山西经济出版社.2012.

燕红忠：晋商与现代经济[M].北京：经济科学出版社.2012.

燕红忠：中国的货币金融体系——1600—1949[M].北京：中国人民大学出版社.2012.

刘建生：商业与金融：近世以来的区域经济发展[M].太原：山西经济出版社.2009.

刘建生、燕红忠、石　涛等：晋商信用制度及其变迁研究[M].太原：山西经济出版社.2008.

刘建生、燕红忠、王瑞芬等：山西典商研究[M].太原：山西经济出版社.2007.

刘建生、刘鹏生、李　东：回望晋商[M].太原：山西经济出版社.2007.

刘建生、刘鹏生、燕红忠等：明清晋商制度变迁研究[M].太原：山西人民出版社.2005.

刘建生、刘鹏生等：晋商研究[M].太原：山西人民出版社.2005.

刘建生：晋商巨擘[M].太原：山西经济出版社.2005.

刘建生：商谭[M].太原：山西经济出版社.2002.

刘建生、刘鹏生等：山西近代经济史——1840—1949[M].太原：山西经济出版社.1995.

刘建生：中国近代经济史稿[M].太原：山西经济出版社.1992.

……………………………………

梁四宝、吴丽敏：清代晋帮茶商与湖南安化茶产业发展[J].中国经济史研究.2005.02.

刘建生、吴丽敏：试析清代晋帮茶商经营方式、利润和绩效[J].中国经济史研究.2004.03.

石　涛、李志芳：清代晋商茶叶贸易定量分析——以嘉庆朝为例[J].清史研究.2008.04.

成艳萍：资源禀赋与晋商的茶叶贸易[J].山西大学学报（哲学社会科学版）.2007.04.

孙海龙等：明清晋商万里茶路扩展动力分析——基于经济地理学的视角[J].湖南农业大学学报（社会科学版）.2013.01.

渠绍淼、庞义才：《山西外贸志》.山西省地方志编纂委员会办公室，1984.

张亚兰：万里茶路[J].山西财税.2013.12.

杨晓青、范维令：晋商万里茶路上的永聚祥[J].晋中学院学报.2008.06.

范维令、刘晓东：祁县人创立的旅蒙第一大商号——大盛魁[J].晋中学院学报.2009.06.

李国光、李晨光：万里茶路探晋商[J].文史月刊.2007.09.

张　江：山西祁县古茶路及茶叶物流考证[J].晋中学院学报.2010.05.

邹全荣：我们走在茶路上[J].茶世界.2010.12.

来玉英：论晋商精神与武夷山茶礼文化[J].农业考古.2012.02.

刘晓航：东方茶叶港——汉口在万里茶路的地位与影响[J].农业考古.2013.05.

王红芳：明清晋商对俄茶叶贸易兴衰的分析与启示[J].生产力研究.2013.06.

邹全荣：晋商与下梅村[J].寻根.2007.05.

王小宽、徐　娟：传承晋商精神 弘扬晋商文化[J].今日中国论坛.2010.09.

陈历清、陈辉球、唐常青：安化黑茶产业的现状与发展对策[J].茶叶通讯.2011.02.

张亚兰、姬淑婷、范维令：从《行商遗要》看晋商的经商之道[J].晋中学院学报.2014.01.

范维令：祁县渠家长裕川茶庄经营模式价值研究[J].晋中学院学报.2007.06.

肖坤冰：帝国、晋商与茶叶——十九世纪中叶前武夷茶叶在俄罗斯的传播过程[J].福建师范大学学报（哲学社会科学版）.2009.02.

张宝娟：乔家大院.浓缩晋商辉煌与梦想[J].品牌.2006.Z1.

刘晓航：寻找被历史遗忘的茶叶之路[J].农业考古.2001.02.

王　狄、张　勇：武夷山里下梅村[J].IT经理世界.2006.19.

赵荣达：晋商万里古茶路[M].太原：山西古籍出版社.2006.

常士宣、常崇娟：万里茶路话常家[M].太原：山西经济出版社.2009.

谢　燕、刘欣宇：儒商门第.常家庄园[M].太原：山西古籍出版社.2005.

韩小雄：晋商万里茶路探寻[M].太原：山西人民出版社.2012.

尚金华、郝　刚：乔家大院看晋商[M].太原：山西人民出版社.2007.

伍湘安：安化黑茶[M].长沙：湖南科学技术出版社.2008.

后记

在几百年前古人开创的万里茶道上，成群结队的驼帮身影不见了，清脆悠扬的驼铃声远去了，远古飘来的茶草香气也消散了。但山西商人不畏艰辛，拉着骆驼，千里走沙漠，冒风雪、犯险阻，北走蒙俄边疆；驾着帆船，横破万里浪，渡东瀛、达南洋，开创海外贸易天地，这种进取精神仍然激励着我们。

横跨欧亚的“茶叶之路”所经历的漫长历史，几乎可以与大清王朝的兴衰史叠印在一起，这本身就是一个奇迹。这个经济现象值得我们认真研究。

大多数人都会认为“股份制”是西方人的专利，事实上，300多年前以大盛魁为代表的国际商贸集团是我国最早出现的外向型民营股份合作制企业，而且旅蒙商们的企业制度不是向西方学来的，是土生土长的。其中“人合性”与“资合性”的结合是极为巧妙的，并且是以“人合性”为主，“资合性”为辅，因而更具凝聚力。最能体现中国特色的是他们对“商誉”和“信用”的珍惜达到了甚于生命的程度。例如，由大盛魁出资设立的小企业绝不允许用“大盛魁” 的商号，而须另起一名，因为这些小企业有上百家，一旦某家小号亏损甚至倒闭，并不影响总号的商誉。他们的内部管理极为严格，企业规章十分健全，透视出可贵的现代性、科学性。还有，他们对人才的重视和严格的用人制度也是其成功制胜的法宝。旅蒙商们创造了最早的“期权制”，即员工在企业的股份随着其工龄和贡献在增长，都记在“公积金”里，一旦辞职或跳槽，期权便化为乌有，期权制把员工的命运与企业死死地绑在了一起。现代企业至今还在苦苦探索的制度建设和管理方式，旅蒙商们在300年前已经应用自如了。

旅蒙商们能够积累起巨额资本，靠的是庞大的“公积金”，依托“公积金”，他们建立起自己的金融体系，即钱庄、票号和典当等，保证了金融资本的周转、调拨和汇兑等资本运作可以做到“如鱼得水”；有了庞大的资金支持，其所从事的行业除茶叶和金融外还包括毛皮、牲畜、服务业、运输业、绸缎庄、瓷器等等，无所不有。

“商业造就城邦”。“茶叶之路”的繁荣，极大地刺激了我国北方经济的发展，大批城镇在它的影响下萌芽、发育、成长。这批城镇以呼和浩特和包头为中心，在其两翼铺展开的有：科布多、乌里雅苏台、定远营、河口镇、集宁、丰镇、隆盛庄、多伦、张家口、小库伦、海拉尔和牙克石、满洲里。比如“先有复盛公后有包头城”，这是迄今为止仍然在包头广泛流传的民谚。在“茶叶之路”催生下，由旅蒙商与游牧民族共同培育起来的一批商城，在当时几乎是“平地冒出的城市”。

300年前，旅蒙商们走出山西，走出长城，走出国门，走向蒙古、俄罗斯，走向西方，表现出我们的民族挣脱几千年的历史惰性和闭关锁国的桎梏，探寻着一种全新的交换方式和生活方式，让两种文明在草原上对话、对接。其间的过程是艰苦卓越的，留给我们的精神启示是耐人寻味的。

跋

明清晋商在中国商业舞台上活跃的时间之长、影响之大，是空前的。然而历史的车轮无情地碾过那段令人激奋和无奈的岁月，只留下斑驳的记忆和深深的叹息。如何重拾昔日辉煌、重振晋人精神，如何改变百年封闭思想、形成晋人与时俱进的理念，如何挖掘历史文化遗产、实现文化强省，如何改变外界对山西的偏见、重塑山西的时代形象，成为当代有识之士急于破解的难题。

在国家日益重视文化对社会发展的重要意义的背景下，正值山西省省委、省政府大力推动文化产业发展的良好历史机遇，2008年初夏，时任山西教育出版社社长的荆作栋以敏锐的市场把握和独特的文化视角，结合晋商出版物的现状，将晋商文化的挖掘和传承作为出版工作的一个切入点，提出做一套能全面展示晋商文化图书的出版思路；山西大学晋商学研究所近二十年来一直致力于晋商研究，曾先后出版相关专著十余部，发表相关论文二百余篇。鉴于此，张沛泓、杨文两位编辑在多方调研和充分论证的基础上，最终确定与山西大学晋商学研究所合作，以《晋商五百年》丛书的形式，将近年来晋商在各方面的研究成果进行整合，以通俗和生动的方式图文并茂地展示给广大读者。山西大学晋商学研究所在深入思考和集思广益之后，决定全力以赴做好这套书。相信这必将有力地推动晋商文化的宣传和普及，更好地满足文化市场发展的需求。

随着晋商研究的深入，晋商学作为一门独立的学科已经初具规模，其研究的外延亦不断扩大。《晋商五百年》丛书主要从经营行业（盐商、典商、票商、茶商、粮商等）、会馆、家族、教育、公司、建筑、经营、镖局、走西口等方面，对晋商现象进行概括性描述，基本可以反映出明清晋商的全貌。在本丛书的各分册中，对晋商饮食起居、书法戏曲、官商关系、社会公益以及特有的商业习俗等也都有所涉及。

《晋商五百年》丛书十四册的编写历经五年有余，经过出版社同志们的辛勤劳动和各分册作者的共同努力，终于可以付梓出版了。丛书作者为山西大学晋商学研究所、历史文化学院、经济与管理学院、教育学院和体育学院研究晋商学的老师和研究生，他们分别从自己研究的领域和视角对晋商现象进行了介绍。在五年多的编撰过程中，出版社编辑和作者两方多次探讨，反复修改，几易其稿，达成共识；特别是在丛书整体的文字表达上，尽量使用通俗的描述语言，并配以内容丰富、形式多样、涉及范围广的“延伸阅读”，让各册内容更加丰满，知识涵盖面更加广泛。在此，对各位著作者的辛苦工作表示敬意。

山西教育出版社编审委主任张沛泓、项目部主任杨文在本丛书的论证、策划、立项、组织等方面做了大量工作，并在成书的过程中积极推动，在此对她们的敬业精神表示钦佩。各册责任编辑为使图书更加美观形象、内容更加生动丰富，通过各种渠道搜集和拍摄了大量图片，下了很大功夫，也付出了很多心血。山西教育出版社美术编辑刘志斌在丛书的装帧设计、正文图片的统筹和编排等方面做了大量工作。在此对山西教育出版社相关领导和编辑们的敬业精神和辛苦工作表示崇高的敬意和衷心的感谢。

在本丛书的编写过程中，我们参考了大量学界前辈和研究同仁的研究成果，但囿于体例和篇幅限制，不能全部一一标列，在此对各位作者表示诚挚的感谢和深深的歉意。由于本丛书有的分册是师生合作编撰，其中在结构安排、行文内容等方面还有一些尚需斟酌之处，恳请各位读者指正和谅解。

刘成虎

于山西大学晋商学研究所

鸣谢

为全面形象地宣传、展示晋商文化，本丛书在编辑出版过程中编配了一些相关图片，我们希望取得摄影者的授权，但囿于时间、条件的限制，部分图片未能事先与摄影者取得联系。在此，我们对相关摄影作品的作者表示歉意并恳请能及时与我们联系。本丛书图片的提供者有梁铭、荣浪、薛菲、刘志斌、高春平、刘成虎、刘映海等，并得到北京晋商博物馆、山西财经大学晋商博物馆、山西省博物院、太原晋商博物馆、山西近代矿史研究会、保晋公司纪念馆等单位的大力支持，在此一并致谢！